Wie man

ein wertvoller Mann wird

Charakter vs. Charisma

Camilet Cooray

Nathasha Publishers (Sri Lanka & Philippinen),
nathashapublishers@outlook.com

ISBN: 9798853096486
Coverdesign von Camilet Cooray für Nathasha Creations
(Sri Lanka &; Philippinen)
Erste Ausgabe: Juli 2023
Gedruckt in den Vereinigten Staaten von Amerika

Haftungsausschluss: Die in diesem Buch enthaltenen Informationen werden nur zu Bildungs- und Informationszwecken zur Verfügung gestellt und sind nicht als Ersatz für den Rat eines Fachmanns oder qualifizierten Experten gedacht. Der Autor und der Herausgeber haben alle Anstrengungen unternommen, um die Richtigkeit der hierin enthaltenen Informationen zu gewährleisten. Die in diesem Buch enthaltenen Informationen werden jedoch ohne ausdrückliche oder stillschweigende Gewährleistung präsentiert.

Der Autor und der Herausgeber haften nicht für Verluste, Verletzungen oder Schäden, die direkt oder indirekt durch die in diesem Buch enthaltenen Informationen verursacht werden. Es liegt in der Verantwortung des Lesers, einen Fachmann oder qualifizierten Experten zu konsultieren, bevor er Entscheidungen trifft oder Maßnahmen auf der Grundlage der in diesem Buch bereitgestellten Informationen ergreift. Der Autor und der Herausgeber befürworten und lehnen ausdrücklich die Haftung für Produkte, Hersteller, Händler, Dienstleistungen oder Dienstleister ab, die in diesem Werk erwähnt werden, oder für Meinungen, die in diesem Werk geäußert werden.

Durch die Lektüre dieses Buches erkennen Sie an, dass Sie für Ihre eigenen Entscheidungen und Handlungen verantwortlich sind, und Sie entbinden den Autor und den Herausgeber von jeglicher Haftung, die sich aus der Verwendung der in diesem Buch enthaltenen Informationen ergibt.

Table of Contents

i

iii

iv

Einleitung

Entscheidungen prägen unser Leben und bestimmen den Weg, den wir einschlagen, und die Ergebnisse, die wir erzielen. In diesem Kapitel werden wir die immense Macht der Entscheidungsfindung und ihre Auswirkungen auf unser persönliches Wachstum und unseren Erfolg untersuchen.

Der Mann und sein Auto

Stellen Sie sich einen Mann vor, der sein altes, peinliches Auto satt hat. Anstatt die Mittelmäßigkeit zu akzeptieren, wagte er einen mutigen Schritt. Bewaffnet mit einer Schrotflinte zertrümmerte er jedes Fenster, zerstörte jeden Reifen und feuerte hundert Schüsse hinein. Er war an seiner Belastungsgrenze angelangt. Überraschenderweise entschied er sich, es zu retten, anstatt es wegzuwerfen. Später, als er nach seinem Erfolg gefragt wurde, zeigte er stolz sein umgebautes Auto. Es wurde zu einem Symbol für seine Entschlossenheit und die Kraft seiner Entscheidung.

Die lebensverändernde Natur der Entscheidungsfindung

Jede Entscheidung, die wir treffen, hat das Potenzial, unser Leben zu verändern. Stellen Sie sich vor, Sie kehren heute nach Hause zurück und widmen die nächsten Tage der Klärung einer Liste von Entscheidungen. Dieser einfache Akt könnte die Inspiration für die nächsten fünf oder zehn Jahre entfachen. Der Tag, an dem wir uns dazu durchringen können, eine Entscheidung zu treffen, ist wirklich inspirierend und transformativ.

Die Macht des Begehrens

Das Begehren ist eine mysteriöse Kraft, die uns dazu zwingt, unsere Träume unerbittlich zu verfolgen. Manchmal wartet das Verlangen auf einen Auslöser, ein Ereignis oder eine Erfahrung, die uns vorantreibt. Das kann ein Lied, ein Film, ein Seminar oder ein Gespräch mit einem Freund sein. Wir wissen nie, was unsere tiefsten Wünsche wecken wird, aber wenn es passiert, hat es einen unermesslichen Wert.

Alle Entdeckungen willkommen heißen

Um unser Potenzial zu entfalten, müssen wir offen für alle Erfahrungen sein. Oft bauen wir Mauern, um uns vor Enttäuschungen zu schützen, aber dabei blockieren wir auch das Glück. Es ist entscheidend, diese Mauern niederzureißen und jede Erfahrung anzunehmen, die auf uns zukommt. Jede Erfahrung hat das Potenzial, uns wertvolle Lektionen zu lehren und unseren Weg zum Erfolg zu gestalten.

Die Kraft der Entschlossenheit

Entschlossenheit, gekennzeichnet durch die Worte "Ich will", ist eine der mächtigsten Kräfte in der menschlichen Sprache. Es ist ein Versprechen, das wir uns selbst geben, eine Verpflichtung, niemals aufzugeben. Ein weises junges Mädchen definierte Entschlossenheit einmal als das Versprechen, niemals aufzugeben. Diese unerschütterliche Entschlossenheit ist der Schlüssel, um Herausforderungen zu meistern und unsere Ziele zu erreichen.

Beharrlichkeit beim Laufen lernen

Denken Sie an die Reise eines Babys, um laufen zu lernen. Keine Mutter würde jemals die Gehversuche ihres Babys aufgeben. Das Zauberwort heißt hier "bis". Versprich dir, weiterzumachen, bis du Erfolg hast. Wenden Sie dieses Prinzip auf Ihr eigenes Leben an - lesen Sie Bücher, bis sich Ihre Fähigkeiten verbessern, besuchen Sie Seminare, bis Sie das Thema verstanden haben, und üben Sie unermüdlich, bis Sie die notwendigen Fähigkeiten beherrschen. Gib niemals auf, bis du das gewünschte Ergebnis erreicht hast.

Die Schätze des Lebens entdecken

Indem wir den Preis für Beharrlichkeit und unerschütterliche Entschlossenheit zahlen, entdecken wir einige der wertvollsten Schätze des Lebens. Die Reise mag eine Herausforderung sein, aber die Belohnungen sind unermesslich. Wenn wir bereit sind, die Extrameile zu gehen, Hindernisse zu überwinden und uns zu weigern, aufzugeben, öffnen wir uns für endlose Möglichkeiten und ein Leben voller Erfüllung.

Die Bedeutung von Klarheit bei der Entscheidungsfindung

Klarheit ist ein wichtiger Aspekt einer effektiven Entscheidungsfindung. Wenn wir uns über unsere Ziele, Werte und Prioritäten im Klaren sind, wird es einfacher, Entscheidungen zu treffen, die auf unsere gewünschten Ergebnisse ausgerichtet sind. Nehmen Sie sich die Zeit, darüber nachzudenken, was Ihnen wirklich wichtig ist, und setzen Sie sich klare Absichten für Ihre Zukunft.

Verantwortung für Entscheidungen übernehmen

Entscheidungen sind mit Verantwortung verbunden. Jede Entscheidung, die wir treffen, prägt unsere Realität und hat Konsequenzen, sowohl positive als auch negative. Die Verantwortung für unsere Entscheidungen zu übernehmen, befähigt uns, unser Leben selbst in die Hand zu nehmen und die gewünschten Ergebnisse zu erzielen.

Die Macht der kleinen Entscheidungen

Auch wenn einige Entscheidungen erhebliche Auswirkungen haben, ist es wichtig, die Macht kleiner Entscheidungen nicht zu übersehen. Die Entscheidungen, die wir in unserem täglichen Leben treffen, häufen sich an und prägen unseren gesamten Werdegang. Achten Sie auf die scheinbar unbedeutenden Entscheidungen und treffen Sie Entscheidungen, die mit Ihrer langfristigen Vision übereinstimmen.

Überwindung der Entscheidungslähmung

Entscheidungslähmung ist ein häufiges Hindernis, mit dem viele Menschen konfrontiert sind. Die Angst, die falsche Wahl zu treffen, kann dazu führen, dass wir feststecken und nicht weiterkommen können. Um die Entscheidungslähmung zu überwinden, unterteilen Sie komplexe Entscheidungen in kleinere, überschaubare Schritte. Vertraue dir selbst und denke daran, dass Handeln besser ist, auch wenn es zu einem Fehler führt, als durch Unentschlossenheit gelähmt zu sein.

Entscheidungen auf der Grundlage von Werten treffen

Unsere Werte dienen als Kompass für die Entscheidungsfindung. Wenn wir vor schwierigen Entscheidungen stehen, kann die Ausrichtung an unseren Grundwerten Klarheit und ein Gefühl der Sinnhaftigkeit schaffen. Nehmen Sie sich die Zeit, Ihre Werte zu identifizieren und sie als Leitfaden zu verwenden, um Entscheidungen zu treffen, die mit dem übereinstimmen, was Sie wirklich sind.

Die Kraft der Intuition

Intuition, oft auch als Bauchgefühl bezeichnet, kann ein wertvolles Werkzeug bei der Entscheidungsfindung sein. Auch wenn es nicht immer logisch sein mag, erschließt unsere Intuition eine tiefere Weisheit, die uns auf den richtigen Weg führen kann. Lernen Sie, Ihrer Intuition zu vertrauen und sie in Ihren Entscheidungsprozess einfließen zu lassen.

Weisen Rat suchen

Manchmal können Entscheidungen überwältigend sein, und wir können davon profitieren, wenn wir uns von anderen beraten lassen. Umgib dich mit vertrauenswürdigen Mentoren, Freunden oder Fachleuten, die dir wertvolle Einblicke und Perspektiven geben können. Denken Sie jedoch daran, dass die endgültige Entscheidung bei Ihnen liegt und es wichtig ist, Ihrem eigenen Urteilsvermögen zu vertrauen.

Scheitern als Lernchance begreifen

Nicht alle Entscheidungen führen zum gewünschten Ergebnis, und das ist in Ordnung. Scheitern ist ein unvermeidlicher Teil des Lebens, aber es ist auch ein wertvoller Lehrer. Nehmen Sie Misserfolge als Chance für Wachstum und Lernen an. Analysieren Sie, was schief gelaufen ist, ziehen Sie Lehren aus der Erfahrung und nutzen Sie dieses Wissen, um in Zukunft bessere Entscheidungen zu treffen.

Die Kunst der Entscheidungsverfeinerung

Entscheidungen sind nicht in Stein gemeißelt. Wenn wir neue Erkenntnisse und Erfahrungen gewinnen, ist es wichtig, unsere Entscheidungen entsprechend zu verfeinern. Seien Sie offen dafür, Ihren Kurs anzupassen, bei Bedarf Änderungen vorzunehmen und angesichts sich ändernder Umstände anpassungsfähig zu bleiben.

Der Dominoeffekt von Entscheidungen

Entscheidungen haben einen Dominoeffekt und wirken sich nicht nur auf unser eigenes Leben aus, sondern auch auf das Leben der Menschen um uns herum. Berücksichtigen Sie die möglichen Konsequenzen Ihrer Entscheidungen für andere und bemühen Sie sich, Entscheidungen zu treffen, die Harmonie, Empathie und positives Wachstum für alle Beteiligten fördern.

Geduld und Vertrauen in den Entscheidungsprozess kultivieren

Gute Entscheidungen erfordern oft Geduld und Vertrauen. Vermeiden Sie es, aus Verzweiflung oder Ungeduld überstürzte Entscheidungen zu treffen. Nehmen Sie sich die Zeit, Informationen zu sammeln, die Vor- und Nachteile abzuwägen und vertrauen Sie darauf, dass sich die richtige Entscheidung zu gegebener Zeit zeigen wird.

Der Einfluss von Angst auf die Entscheidungsfindung

Angst hält uns oft davon ab, mutige und transformative Entscheidungen zu treffen. Es flüstert uns Zweifel und Unsicherheiten in den Kopf und lässt uns unsere Fähigkeiten und die möglichen Ergebnisse in Frage stellen. Erkenne, dass Angst ein natürlicher Teil des Entscheidungsprozesses ist, aber lass dich nicht von ihr kontrollieren. Nehmen Sie Angst als Chance für Wachstum an und nutzen Sie sie als Treibstoff, um Ihre Komfortzone zu verlassen.

Klare Ziele und Vorgaben setzen

Klarheit in der Entscheidungsfindung geht Hand in Hand mit der Festlegung klarer Ziele. Definieren Sie, was Sie erreichen möchten, und erstellen Sie eine Roadmap, die Sie bei Ihren Entscheidungen unterstützt. Wenn Sie ein klares Ziel vor Augen haben, können Sie Entscheidungen treffen, die mit Ihrer langfristigen Vision übereinstimmen.

Die Kunst der Prioritätensetzung

In einer Welt voller endloser Optionen und Möglichkeiten ist es wichtig zu lernen, Prioritäten zu setzen. Nicht jede Entscheidung hat das gleiche Gewicht oder die gleiche Dringlichkeit. Identifizieren Sie Ihre Prioritäten und konzentrieren Sie Ihre Energie auf die Entscheidungen, die den größten Einfluss auf Ihre Ziele und Bestrebungen haben.

Entscheidungsüberlastung vermeiden

Eine Überlastung mit Entscheidungen kann überwältigend sein und zu einer Lähmung der Analyse führen. Wenn Sie mit zahlreichen Optionen konfrontiert werden, teilen Sie sie in kleinere, überschaubare Gruppen auf. Indem Sie Ihre Auswahl eingrenzen, können Sie fundiertere Entscheidungen treffen, ohne sich von der Fülle der Möglichkeiten überwältigt zu fühlen.

Entwicklung eines Entscheidungsrahmens

Die Schaffung eines Entscheidungsrahmens kann angesichts komplexer Entscheidungen Struktur und Klarheit schaffen. Definieren Sie Ihre Entscheidungskriterien, wägen Sie die Vor- und Nachteile ab und bedenken Sie die langfristigen Konsequenzen. Dieses Framework dient als Leitfaden, der Ihnen hilft, konsistente und fundierte Entscheidungen zu treffen.

Aus vergangenen Entscheidungen lernen

Die Reflexion vergangener Entscheidungen kann wertvolle Erkenntnisse für zukünftige Entscheidungen liefern. Analysieren Sie die Ergebnisse früherer Entscheidungen und beurteilen Sie, was funktioniert hat und was nicht. Nutzen Sie dieses Wissen, um Ihren Entscheidungsprozess zu verfeinern und fundiertere Entscheidungen zu treffen.

Berücksichtigung der kurz- und langfristigen Auswirkungen

Entscheidungen können sowohl kurzfristige als auch langfristige Konsequenzen haben. Auch wenn sofortige Befriedigung verlockend sein mag, sollten Sie die langfristigen Auswirkungen Ihrer Entscheidungen berücksichtigen. Stimmt es mit Ihren Werten überein und trägt es zu Ihren übergeordneten Zielen bei? Eine ganzheitliche Betrachtung stellt sicher, dass sich Ihre Entscheidungen positiv auf Ihr gesamtes Leben auswirken.

Flexibilität und Anpassungsfähigkeit

In einer sich schnell verändernden Welt ist Flexibilität
und Anpassungsfähigkeit bei der Entscheidungsfindung
unerlässlich. Die Umstände können sich ändern, neue
Informationen können auftauchen und unerwartete
Herausforderungen können auftreten. Nutzen Sie
die Möglichkeit, Ihre Entscheidungen bei Bedarf
anzupassen, um an Ihren Zielen ausgerichtet zu bleiben.

Die Macht der Visualisierung

Visualisierung ist ein leistungsstarkes Werkzeug, das die Entscheidungsfindung verbessern kann. Nehmen Sie sich die Zeit, sich die möglichen Ergebnisse Ihrer Entscheidungen vorzustellen. Visualisieren Sie das gewünschte Ergebnis und wie es mit Ihren Zielen übereinstimmt. Diese mentale Übung kann Klarheit und Sicherheit geben, um die richtige Entscheidung zu treffen.

Vertrauen Sie Ihren Instinkten

Auch wenn eine rationale Analyse unerlässlich ist,
sollten Sie die Macht Ihrer Instinkte nicht außer Acht
lassen. Vertraue deinem Bauchgefühl und deiner
Intuition. Manchmal birgt unser Unterbewusstsein
wertvolle Einsichten, die unser Bewusstsein
möglicherweise übersieht. Lassen Sie sich von Ihrer
Intuition leiten, um Entscheidungen zu treffen, die tief in
Ihnen nachhallen.

Die Rolle von Emotionen bei der Entscheidungsfindung

Emotionen spielen eine wichtige Rolle bei der Entscheidungsfindung und beeinflussen unsere Entscheidungen oft mehr, als uns bewusst ist. Es ist wichtig, sich seines emotionalen Zustands bewusst zu sein, wenn Sie Entscheidungen treffen. Nehmen Sie sich die Zeit, Ihre Emotionen zu verstehen und zu managen, um sicherzustellen, dass sie mit Ihren Werten und langfristigen Zielen übereinstimmen.

Vielfältige Perspektiven suchen

Um fundierte Entscheidungen treffen zu können, ist
es wichtig, unterschiedliche Perspektiven einzuholen.
Umgib dich mit Menschen, die unterschiedliche
Hintergründe, Erfahrungen und Meinungen haben.
Diese Vielfalt des Denkens kann wertvolle Erkenntnisse
liefern und Ihre Annahmen in Frage stellen, was zu
fundierteren und durchdachteren Entscheidungen führt.

Die Balance zwischen Logik und Intuition

Die Entscheidungsfindung ist ein empfindliches Gleichgewicht zwischen Logik und Intuition. Während die Logik einen rationalen Rahmen bietet, zapft die Intuition unsere unterbewusste Weisheit an. Kultivieren Sie die Fähigkeit, beide Aspekte zu integrieren, indem Sie logische Analysen anwenden und gleichzeitig Ihrer Intuition vertrauen, wenn es angebracht ist.

Die Kraft des reflektierenden Denkens

In der schnelllebigen Welt, in der wir leben, wird es oft übersehen, sich die Zeit für reflektierendes Denken zu nehmen. Nehmen Sie sich Zeit, um über Ihre Entscheidungen und deren Ergebnisse nachzudenken. Welche Lehren lassen sich daraus ziehen? Wie können Sie Ihre Entscheidungsfindung verbessern? Reflektierendes Denken ermöglicht kontinuierliches Wachstum und Verfeinerung.

Die Macht der Informationen nutzen

Informationen sind eine wertvolle Ressource bei der Entscheidungsfindung. Suchen Sie nach zuverlässigen Informationsquellen, sammeln Sie relevante Daten und führen Sie gründliche Recherchen durch. Gut informierte Entscheidungen haben eine höhere Erfolgswahrscheinlichkeit und positive Ergebnisse.

Die Kunst des Kompromisses

Nicht alle Entscheidungen beinhalten klare Entscheidungen. Manchmal ist ein Kompromiss notwendig, um einen Mittelweg zu finden, der mehrere Beteiligte zufriedenstellt. Seien Sie offen dafür, alternative Perspektiven in Betracht zu ziehen und Lösungen zu finden, die verschiedene Interessen ausbalancieren.

Unsicherheit und Risiko annehmen

Die Entscheidungsfindung ist oft mit Unsicherheiten und Risiken verbunden. Nehmen Sie das Unbekannte an und seien Sie bereit, kalkulierte Risiken einzugehen, wenn es nötig ist. Erkennen Sie, dass nicht jede Entscheidung Erfolg garantiert, aber die Lektionen, die Sie aus dem Eingehen von Risiken lernen, können zu unschätzbarem Wachstum und Chancen führen.

Die Auswirkungen der Entscheidungsfindung auf andere

Unsere Entscheidungen können tiefgreifende Auswirkungen auf das Leben anderer haben. Berücksichtigen Sie die möglichen Konsequenzen und Auswirkungen für diejenigen, die von Ihren Entscheidungen betroffen sind. Handeln Sie mit Empathie, Mitgefühl und Verantwortungsbewusstsein gegenüber anderen, wenn Sie Entscheidungen treffen.

Lernen, Reue loszulassen

Bedauern kann uns daran hindern, zukünftige Entscheidungen selbstbewusst zu treffen. Akzeptiere, dass Fehler und Bedauern Teil der menschlichen Erfahrung sind. Lerne von ihnen. Aber lassen Sie sich nicht davon abhalten. Nehmen Sie eine Denkweise des Wachstums an und nutzen Sie vergangene Erfahrungen als Sprungbrett für eine bessere Entscheidungsfindung.

Die Macht der Entscheidungsfindung

Entscheidungsfindung ist eine Fähigkeit. Sie können sich im Laufe der Zeit weiterentwickeln und verfeinern. Nutzen Sie Gelegenheiten, um zu lernen und die Entscheidungsfindung in verschiedenen Kontexten zu üben. Wenn Sie Ihre Entscheidungsfähigkeit stärken, gewinnen Sie Selbstvertrauen und treffen effektivere Entscheidungen.

Kultivierung einer wachstumsorientierten Denkweise bei der Entscheidungsfindung

Ein Growth Mindset ist für eine effektive Entscheidungsfindung unerlässlich. Nehmt den Glauben an. Ihre Fähigkeiten und Ihre Intelligenz können entwickelt werden. Alles, was es braucht, ist Ihr Engagement und Ihre harte Arbeit. Dieses Mindset ermöglicht es Ihnen, Entscheidungen mit der Bereitschaft anzugehen, aus Fehlern zu lernen und Ihre Strategien anzupassen.

Vermeidung von Analyselähmung

Analyselähmung tritt auf, wenn wir von übermäßigen Informationen und Optionen überwältigt werden, die unsere Fähigkeit, Entscheidungen zu treffen, behindern. Um dies zu überwinden, legen Sie klare Entscheidungsparameter fest, beschränken Sie Ihre Informationsbeschaffung auf das Notwendige und legen Sie eine Frist für die Entscheidungsfindung fest. Vertrauen Sie Ihrem Instinkt und vertrauen Sie auf Ihre Fähigkeit, eine durchdachte Entscheidung zu treffen.

Die Macht des Timings verstehen

Das Timing kann den Erfolg einer Entscheidung erheblich beeinflussen. Einige Entscheidungen erfordern sofortiges Handeln, während andere von sorgfältigem Timing und Geduld profitieren. Beurteilen Sie die Dringlichkeit und überlegen Sie, ob eine Verzögerung einer Entscheidung zusätzliche Klarheit oder Optionen bieten kann.

Kurzfristige Befriedigung mit langfristigen Zielen in Einklang bringen

Angesichts der Versuchung nach sofortiger Befriedigung ist es wichtig, kurzfristige Wünsche gegen langfristige Ziele abzuwägen. Fragen Sie sich, ob eine Entscheidung mit Ihren übergeordneten Zielen übereinstimmt. Indem Sie Entscheidungen treffen, die langfristiges Wachstum und Erfüllung in den Vordergrund stellen, positionieren Sie sich für nachhaltigen Erfolg.

Von erfolgreichen Entscheidern lernen

Studieren Sie die Entscheidungsprozesse erfolgreicher Einzelpersonen und Führungskräfte. Lesen Sie Biografien, hören Sie sich Interviews an und suchen Sie sich Mentoren, die Sie anleiten und ihre Erfahrungen teilen können. Von denjenigen zu lernen, die durch effektive Entscheidungsfindung erfolgreich waren, kann wertvolle Erkenntnisse und Inspiration liefern.

Anwenden von Fähigkeiten zum kritischen Denken

Kritisches Denken beinhaltet die objektive Analyse von Informationen, das Hinterfragen von Annahmen und die Bewertung alternativer Perspektiven. Entwickeln Sie Ihre Fähigkeiten zum kritischen Denken, um gut begründete Entscheidungen zu treffen. Üben Sie, zwischen Fakten und Meinungen zu unterscheiden, und suchen Sie nach Beweisen, um Ihre Entscheidungen zu untermauern.

Realistische Erwartungen setzen

Bei der Entscheidungsfindung ist es wichtig, realistische Erwartungen zu setzen. Vermeiden Sie es, in die Falle eines übermäßig optimistischen oder pessimistischen Denkens zu tappen. Berücksichtigen Sie sowohl Best-Case- als auch Worst-Case-Szenarien und entwickeln Sie Notfallpläne, um Risiken und Herausforderungen zu mindern.

Die Kraft des inkrementellen Fortschritts

Nicht alle Entscheidungen müssen zu sofortigen, drastischen Veränderungen führen. Nutzen Sie die Kraft des schrittweisen Fortschritts, indem Sie kleine, konsistente Entscheidungen treffen, die Sie Ihren Zielen näher bringen. Jeder kleine Schritt trägt im Laufe der Zeit zu einem signifikanten Wachstum bei.

Kontinuierliches Feedback einholen

Feedback ist ein wertvolles Instrument, um die Entscheidungsfähigkeit zu verbessern. Holen Sie Feedback von vertrauenswürdigen Mentoren, Kollegen oder Freunden ein, die Ihnen konstruktive Einblicke geben und Ihnen helfen können, blinde Flecken zu erkennen. Nutzen Sie Feedback als Chance für Wachstum und Verfeinerung.

Entscheidungsfindung als Reise annehmen

Die Entscheidungsfindung ist eher eine fortlaufende Reise als ein einmaliges Ereignis. Nehmen Sie den Prozess an und wissen Sie, dass jede Entscheidung, die Sie treffen, zu Ihrer persönlichen und beruflichen Entwicklung beiträgt. Nehmen Sie sowohl Erfolge als auch Misserfolge als Chancen für Wachstum und Lernen an.

Betonung der ethischen Entscheidungsfindung

Ethik sollte bei unserer Entscheidungsfindung im Vordergrund stehen. Berücksichtige die moralischen Implikationen und die möglichen Auswirkungen auf andere, wenn du Entscheidungen triffst. Bemühen Sie sich, Ihre Entscheidungen an den Grundsätzen der Ehrlichkeit, Integrität und Fairness auszurichten und sicherzustellen, dass Ihr Handeln ethischen Standards entspricht.

Bewertung der Langzeitfolgen

Bei der Entscheidungsfindung ist es wichtig, über
die unmittelbaren Ergebnisse hinauszublicken
und die langfristigen Folgen zu berücksichtigen.
Beurteilen Sie, wie sich Ihre Entscheidungen auf
Ihre Zukunft, Ihre Beziehungen und Ihr allgemeines
Wohlbefinden auswirken können. Entscheidungen
mit einer langfristigen Perspektive zu treffen, kann zu
nachhaltigeren und erfüllenderen Ergebnissen führen.

Emotionale Intelligenz kultivieren

Emotionale Intelligenz spielt bei der Entscheidungsfindung eine entscheidende Rolle. Entwickeln Sie Ihr Selbstbewusstsein, Ihr Einfühlungsvermögen und Ihre emotionalen Managementfähigkeiten. Indem du deine Emotionen verstehst und anerkennst, kannst du Entscheidungen treffen, die ausgewogener sind und mit deinen Werten übereinstimmen.

Das Potenzial von Daten und Analysen nutzen

In der heutigen datengesteuerten Welt kann die Nutzung von Daten und Analysen die Entscheidungsfindung verbessern. Nutzen Sie verfügbare Daten, um Erkenntnisse zu gewinnen, Muster zu erkennen und Ihre Entscheidungen zu treffen. Kombinieren Sie quantitative Analysen mit Ihrer Intuition, um fundierte Entscheidungen zu treffen.

Entscheidungsmüdigkeit vermeiden

Ständige Entscheidungsfindung kann zu Entscheidungsmüdigkeit führen, was zu einer Verschlechterung der Qualität der Entscheidungen führt. Erkennen Sie, wenn Sie geistig erschöpft sind und machen Sie Pausen oder delegieren Sie Entscheidungen, wenn möglich. Durch den Umgang mit Entscheidungsmüdigkeit können Sie Klarheit bewahren und bessere Entscheidungen treffen.

Förderung der Zusammenarbeit bei der Entscheidungsfindung

Die Zusammenarbeit bringt unterschiedliche Perspektiven zusammen und fördert eine robustere Entscheidungsfindung. Holen Sie sich Input von anderen, ermutigen Sie zum Brainstorming und fördern Sie eine kollaborative Umgebung. Indem Sie die Stakeholder in den Entscheidungsprozess einbeziehen, können Sie von der kollektiven Weisheit profitieren und bessere Ergebnisse erzielen.

Innovation und Kreativität

Innovation und Kreativität können die Entscheidungsfindung verändern. Nehmen Sie neue Ideen an, erforschen Sie unkonventionelle Lösungen und stellen Sie traditionelles Denken in Frage. Fördern Sie ein Umfeld, das Innovationen fördert, und scheuen Sie sich nicht, kalkulierte Risiken einzugehen, um neue und wirkungsvolle Entscheidungen zu treffen.

Die Bedeutung der Selbstreflexion

Regelmäßige Selbstreflexion ist entscheidend
für persönliches Wachstum und eine bessere
Entscheidungsfindung. Nehmen Sie sich Zeit, um
über vergangene Entscheidungen nachzudenken,
ihre Ergebnisse zu bewerten und Bereiche mit
Verbesserungspotenzial zu identifizieren. Selbstreflexion
verbessert die Selbstwahrnehmung und befähigt Sie,
bewusstere und effektivere Entscheidungen zu treffen.

Die Kraft der Anpassung erkennen

Die Fähigkeit, sich anzupassen und bei der Entscheidungsfindung umzuschwenken, ist in einer sich schnell verändernden Welt von entscheidender Bedeutung. Seien Sie offen dafür, Ihre Entscheidungen anzupassen, wenn neue Informationen auftauchen oder sich die Umstände ändern. Nutzen Sie Flexibilität und Agilität, um die Komplexität der Entscheidungsfindung erfolgreich zu bewältigen.

Die Rolle der Rechenschaftspflicht bei der Entscheidungsfindung

Rechenschaftspflicht ist ein wesentlicher Bestandteil der Entscheidungsfindung. Übernimm die Verantwortung für deine Entscheidungen und deren Konsequenzen. Lernen Sie sowohl aus Erfolgen als auch aus Misserfolgen und nutzen Sie diese Erfahrungen, um zukünftige Entscheidungen zu verbessern. Sich selbst zur Rechenschaft zu ziehen, fördert Wachstum, Lernen und ein Gefühl der Eigenverantwortung für Ihre Entscheidungen.

Förderung einer Entscheidungskultur

Die Entscheidungsfindung ist nicht nur ein individuelles Unterfangen, sondern auch eine kollektive Verantwortung. Fördern Sie eine Kultur in Ihrem Unternehmen oder Ihrer Gemeinschaft, die durchdachte Entscheidungen schätzt und fördert. Schaffen Sie Räume für offenen Dialog, Zusammenarbeit und den Austausch unterschiedlicher Perspektiven.

Die Rolle der Intention bei der Entscheidungsfindung

Intentionalität prägt die Qualität unserer Entscheidungen. Klären Sie Ihre Absichten und bringen Sie sie mit Ihren Werten und Zielen in Einklang. Wenn Ihre Absichten klar sind, werden die Entscheidungen, die Sie treffen, zielgerichteter und wirkungsvoller sein.

Entwicklung von Resilienz bei der Entscheidungsfindung

Resilienz ist der Schlüssel, wenn es um die Herausforderungen und Unsicherheiten der Entscheidungsfindung geht. Lernen Sie, sich von Rückschlägen zu erholen und sich an unerwartete Ergebnisse anzupassen. Kultivieren Sie eine belastbare Denkweise, die Misserfolge als Lernchancen sieht und Sie motiviert, bei der Entscheidungsfindung zu beharren.

Entscheidungsfindung als Lernreise annehmen

Betrachten Sie die Entscheidungsfindung als eine fortlaufende Lernreise und nicht als eine Reihe isolierter Entscheidungen. Jede Entscheidung bietet die Möglichkeit, mehr über sich selbst, andere und die Welt um Sie herum zu erfahren. Nutzen Sie die Lektionen, die in den Entscheidungsprozess eingebettet sind, um kontinuierlich zu wachsen und sich weiterzuentwickeln.

Anwendung ethischer Entscheidungsrahmen

Ethische Entscheidungsrahmen bieten einen strukturierten Ansatz zur Bewältigung komplexer moralischer Dilemmata. Machen Sie sich mit etablierten Rahmenwerken wie Konsequentialismus, Deontologie und Tugendethik vertraut. Verwenden Sie diese Rahmenwerke, um ethische Überlegungen zu analysieren und prinzipielle Entscheidungen zu treffen.

Balance zwischen Rationalität und Intuition

Die Entscheidungsfindung erfordert ein empfindliches Gleichgewicht zwischen Rationalität und Intuition. Auch wenn rationale Analysen wertvoll sind, sollten Sie die Weisheit der Intuition nicht außer Acht lassen. Pflegen Sie eine harmonische Beziehung zwischen diesen beiden Fakultäten, die es jeder ermöglicht, sich gegenseitig bei der Entscheidungsfindung zu informieren und zu ergänzen.

Nutzung von Technologie bei der Entscheidungsfindung

Technologie bietet leistungsstarke Werkzeuge, um Entscheidungsprozesse zu verbessern. Nutzen Sie Datenanalysen, künstliche Intelligenz und Entscheidungsunterstützungssysteme, um Erkenntnisse zu sammeln, Informationen zu rationalisieren und die Genauigkeit Ihrer Entscheidungen zu verbessern. Achten Sie jedoch auf die ethischen Implikationen und Vorurteile, die mit Technologie entstehen können.

Reflexion systemischer und gesellschaftlicher Implikationen

Erweitern Sie Ihre Perspektive über einzelne Entscheidungen hinaus und berücksichtigen Sie deren breitere systemische und gesellschaftliche Auswirkungen. Denken Sie darüber nach, wie sich Ihre Entscheidungen auf marginalisierte Gemeinschaften, die Umwelt oder allgemeinere soziale Probleme auswirken können. Bemühen Sie sich, Entscheidungen zu treffen, die zu einer gerechteren und nachhaltigeren Welt beitragen.

Zuversicht und Demut ausbalancieren

Vertrauen ist wichtig bei der Entscheidungsfindung, aber es muss mit Demut in Einklang gebracht werden. Erkenne an, dass du nicht alle Antworten hast. Seien Sie offen dafür, von anderen zu lernen. Nehmen Sie eine wachstumsorientierte Denkweise an, die eine kontinuierliche Verbesserung ermöglicht und Feedback einholt, um Ihre Entscheidungsfähigkeiten zu verfeinern.

Erfolge bei der Entscheidungsfindung feiern

Feiern Sie Ihre großen und kleinen Entscheidungserfolge. Erkennen Sie die positiven Ergebnisse an, die sich aus wohlüberlegten Entscheidungen ergeben, und schätzen Sie sie. Diese Erfolge zu feiern, stärkt Ihr Selbstvertrauen und motiviert Sie, weiterhin effektive Entscheidungen zu treffen.

Ethische Dilemmata meistern

Ethische Dilemmata können schwierig zu bewältigen sein und erfordern eine sorgfältige Abwägung konkurrierender Werte und moralischer Prinzipien. Entwickeln Sie Strategien zur effektiven Lösung ethischer Konflikte, z. B. indem Sie sich von vertrauenswürdigen Beratern beraten lassen, gründliche Recherchen durchführen und über die möglichen Konsequenzen jeder möglichen Entscheidung nachdenken.

Nutzung emotionaler Intelligenz bei der Entscheidungsfindung

Emotionale Intelligenz spielt eine wichtige Rolle bei der Entscheidungsfindung, da sie uns hilft, unsere eigenen Emotionen zu verstehen und zu bewältigen und uns in andere hineinzuversetzen. Kultivieren Sie emotionale Intelligenz, indem Sie Selbstbewusstsein, aktives Zuhören und Empathie üben. So können Sie Entscheidungen treffen, die sowohl die Rationalität als auch das emotionale Wohlbefinden der Beteiligten berücksichtigen.

Erkennen von Voreingenommenheit bei der Entscheidungsfindung

Menschen sind anfällig für Vorurteile, die die Entscheidungsfindung beeinflussen können. Machen Sie sich mit häufigen kognitiven Verzerrungen wie Bestätigungsfehler, Verfügbarkeitsverzerrung und Ankerverzerrung vertraut. Indem Sie diese Vorurteile erkennen und angehen, können Sie objektivere und unvoreingenommenere Entscheidungen treffen.

Diversität und Inklusion bei der Entscheidungsfindung

Unterschiedliche Perspektiven tragen zu einer fundierten Entscheidungsfindung bei. Begrüßen Sie Vielfalt und Inklusion, indem Sie aktiv nach unterschiedlichen Standpunkten, Hintergründen und Erfahrungen suchen und diese wertschätzen. Dies fördert ein umfassenderes Verständnis komplexer Sachverhalte und führt zu robusteren und integrativeren Entscheidungen.

Bewertung von Kosten und Nutzen von Entscheidungen

Jede Entscheidung ist mit Kosten und Nutzen verbunden. Führen Sie eine gründliche Analyse der potenziellen Risiken und Chancen durch, die mit jeder Entscheidung verbunden sind. Berücksichtigen Sie die kurz- und langfristigen Auswirkungen, finanziellen Aspekte und Auswirkungen auf die Stakeholder. Durch die Bewertung von Kosten und Nutzen können Sie fundierte Entscheidungen treffen, die positive Ergebnisse maximieren.

Entwicklung von Entscheidungsritualen

Die Etablierung von Ritualen oder Routinen rund um die Entscheidungsfindung kann dazu beitragen, den Prozess zu rationalisieren und Ihren Fokus und Ihre Klarheit zu verbessern. Dazu können Praktiken wie Tagebuchschreiben, Meditation oder die Suche nach Einsamkeit zum Nachdenken gehören. Finden Sie Rituale, die für Sie funktionieren, und integrieren Sie sie in Ihre Entscheidungspraxis.

Nutzung von Tools und Modellen zur Entscheidungsfindung

Es gibt zahlreiche Entscheidungshilfen und -modelle, die den Prozess unterstützen. Einige beliebte Beispiele sind die SWOT-Analyse, Entscheidungsbäume und das Pareto-Prinzip. Machen Sie sich mit diesen Tools und Modellen vertraut, die Sie bei der Strukturierung Ihres Entscheidungsansatzes unterstützen.

Achtsamkeit bei der Entscheidungsfindung üben

Achtsamkeit kultiviert das Bewusstsein für den gegenwärtigen Moment und hilft, Ablenkungen und impulsive Entscheidungen zu reduzieren. Üben Sie Achtsamkeitstechniken wie tiefes Atmen, Meditation oder Bodyscanning, bevor Sie wichtige Entscheidungen treffen. Dies wird Ihnen helfen, Entscheidungen mit einer ruhigen und konzentrierten Denkweise anzugehen.

Verzerrungen bei der Entscheidungsfindung abmildern

Vorurteile können unsere Fähigkeit behindern, objektive Entscheidungen zu treffen. Ergreifen Sie Maßnahmen, um Vorurteile abzubauen, indem Sie nach unterschiedlichen Perspektiven suchen, Annahmen hinterfragen und kritisch denken. Ermutigen Sie andere, Ihre Entscheidungen in Frage zu stellen, und bieten Sie alternative Standpunkte an, um Vorurteilen entgegenzuwirken.

Streben nach ethischer Führung bei der Entscheidungsfindung

Als Führungskraft hat Ihre Entscheidungsfindung ein erhebliches Gewicht und beeinflusst die Menschen um Sie herum. Streben Sie danach, eine ethische Führungskraft zu sein, indem Sie Integrität, Transparenz und Rechenschaftspflicht in Ihren Entscheidungen vorleben. Berücksichtigen Sie die langfristigen Auswirkungen auf Ihr Team, Ihre Organisation und die Gesellschaft, wenn Sie Entscheidungen treffen, die mit ethischen Grundsätzen übereinstimmen.

Die Macht der bewussten Entscheidungsfindung nutzen

Bei der bewussten Entscheidungsfindung geht es darum, Ihre Entscheidungen mit Ihren Grundwerten, Zielen und Bestrebungen in Einklang zu bringen. Kultivieren Sie Achtsamkeit und Klarheit, um sicherzustellen, dass jede Entscheidung mit einem Zweck und einem tiefen Verständnis ihrer potenziellen Auswirkungen getroffen wird.

Anwendung der Entscheidungsfindung auf persönliche Beziehungen

Die Entscheidungsfindung geht über den beruflichen Kontext hinaus und kann unsere persönlichen Beziehungen stark beeinflussen. Egal, ob es darum geht, effektiv zu kommunizieren, Konflikte zu lösen oder gemeinsame Entscheidungen mit geliebten Menschen zu treffen, die Anwendung solider Entscheidungsprinzipien kann die Qualität unserer Interaktionen verbessern und unsere Beziehungen stärken.

Balance zwischen Logik und Emotion bei der Entscheidungsfindung

Eine effektive Entscheidungsfindung erfordert ein Gleichgewicht zwischen rationaler Analyse und emotionaler Überlegung. Erkennen Sie die Rolle von Emotionen bei der Entscheidungsfindung an und erforschen Sie, wie sie das logische Denken ergänzen oder in Frage stellen können. Bemühen Sie sich um eine harmonische Integration beider Aspekte, um Entscheidungen zu treffen, die mit Ihren Werten übereinstimmen und mit Ihren Emotionen in Resonanz stehen.

Scheitern als Sprungbrett zum Erfolg annehmen

Scheitern ist ein unvermeidlicher Teil der Entscheidungsfindung. Anstatt Angst vor dem Scheitern zu haben, sollten Sie es annehmen. Es ist eine Gelegenheit für Wachstum und Lernen. Analysieren Sie Fehler objektiv, extrahieren Sie wertvolle Lehren und nutzen Sie sie, um Ihren Entscheidungsprozess zu verfeinern. Jeder Misserfolg bringt Sie dem Erfolg einen Schritt näher.

Den Einfluss sozialer und kultureller Faktoren erkennen

Soziale und kulturelle Faktoren beeinflussen maßgeblich unsere Entscheidungsprozesse. Seien Sie sich bewusst, wie gesellschaftliche Normen, Erwartungen und Vorurteile Ihre Entscheidungen beeinflussen. Hinterfragen Sie Annahmen und erweitern Sie Ihre Perspektive, um Entscheidungen zu treffen, die inklusiv, gerecht und rücksichtsvoll gegenüber unterschiedlichen Hintergründen und Erfahrungen sind.

Befähigung anderer zur Entscheidungsfindung

Die Entscheidungsfindung sollte nicht auf Personen in Autoritätspositionen beschränkt sein. Befähigen Sie andere, indem Sie sie in den Entscheidungsprozess einbeziehen. Fördern Sie ein kollaboratives Umfeld, in dem die Stimme jedes Einzelnen gehört und geschätzt wird. Diese Inklusivität fördert die Kreativität, erzeugt ein Gefühl der Eigenverantwortung und führt zu robusteren und effektiveren Entscheidungen.

Stärkung der Resilienz angesichts von Herausforderungen bei der Entscheidungsfindung

Die Entscheidungsfindung kann von Unsicherheit, Zweifeln und der Angst, die falsche Wahl zu treffen, begleitet werden. Bauen Sie Resilienz auf, indem Sie Bewältigungsstrategien entwickeln, sich um sich selbst kümmern und Unterstützung von vertrauenswürdigen Personen suchen. Die Kultivierung von Resilienz ermöglicht es Ihnen, Herausforderungen bei der Entscheidungsfindung mit größerer Zuversicht und Anpassungsfähigkeit zu meistern.

Betonung der nachhaltigen Entscheidungsfindung

Nachhaltigkeit sollte ein Leitprinzip bei der Entscheidungsfindung sein. Berücksichtigen Sie die langfristigen ökologischen, sozialen und wirtschaftlichen Auswirkungen Ihrer Entscheidungen. Bemühen Sie sich, Entscheidungen zu treffen, die das ökologische Gleichgewicht, die soziale Gerechtigkeit und die wirtschaftliche Tragfähigkeit unterstützen. Indem Sie der Nachhaltigkeit Priorität einräumen, tragen Sie zu einer gesünderen und gerechteren Zukunft bei.

Kontinuierliches Lernen und Wachstum

Entscheidungsfindung ist eine Fähigkeit, die durch kontinuierliches Lernen und persönliches Wachstum verfeinert werden kann. Bleiben Sie neugierig, suchen Sie nach Wissen und lassen Sie sich auf neue Erfahrungen ein. Reflektieren Sie vergangene Entscheidungen, bewerten Sie deren Ergebnisse und integrieren Sie die gewonnenen Erkenntnisse in Ihren Entscheidungsansatz.

Unabhängigkeit bei der Entscheidungsfindung feiern

Wenn Sie Selbstvertrauen und Fachwissen bei der Entscheidungsfindung gewinnen, feiern Sie Ihre Fähigkeit, unabhängige Entscheidungen zu treffen. Vertrauen Sie Ihrem Urteilsvermögen und schätzen Sie Ihre Autonomie. Nehmen Sie die Freiheit und Verantwortung an, die mit der Entscheidungsfindung einhergeht, und nutzen Sie sie als Katalysator für persönliches und berufliches Wachstum.

Abwägen von kurzfristigen und langfristigen Überlegungen

Eine effektive Entscheidungsfindung erfordert ein Gleichgewicht zwischen kurz- und langfristigen Überlegungen. Auch wenn unmittelbare Ergebnisse verlockend sein mögen, ist es wichtig, die potenziellen langfristigen Auswirkungen Ihrer Entscheidungen abzuwägen. Streben Sie nach Entscheidungen, die mit Ihren langfristigen Zielen, Werten und Ihrem allgemeinen Wohlbefinden übereinstimmen.

Anpassung an veränderte Umstände

Entscheidungsfindung ist kein statischer Prozess, sondern erfordert Anpassungsfähigkeit. Die Umstände können sich ändern, neue Informationen können auftauchen oder unerwartete Ereignisse können eintreten. Bleiben Sie flexibel und seien Sie bereit, Ihre Entscheidungen bei Bedarf anzupassen. Nehmen Sie eine Denkweise an, die Veränderungen begrüßt und eine kontinuierliche Anpassung ermöglicht.

Erkennen und Abmildern von Verzerrungen bei der Entscheidungsfindung

Verzerrungen bei der Entscheidungsfindung können unser Urteilsvermögen trüben und zu suboptimalen Entscheidungen führen. Machen Sie sich mit häufigen Verzerrungen wie Bestätigungsfehlern, Ankerverzerrungen und Rückschauverzerrungen vertraut. Indem Sie diese Vorurteile erkennen und aktiv abmildern, können Sie objektivere und fundiertere Entscheidungen treffen.

Kultivierung eines unterstützenden Entscheidungsumfelds

Umgeben Sie sich mit einem unterstützenden Netzwerk, das Ihren Entscheidungsprozess fördert und herausfordert. Suchen Sie sich Mentoren, Berater oder Kollegen, die Anleitung, vielfältige Perspektiven und konstruktives Feedback bieten können. Schaffen Sie ein Umfeld, das einen offenen Dialog fördert und persönliches und berufliches Wachstum fördert.

Intuition als wertvollen Leitfaden annehmen

Intuition ist ein mächtiges Werkzeug bei der Entscheidungsfindung, das sich oft auf unbewusstes Wissen und Erfahrungen stützt. Vertrauen Sie Ihrem Bauchgefühl und geben Sie neben der logischen Analyse auch der Intuition einen Platz am Tisch. Kultivieren Sie Ihr Selbstbewusstsein, um zwischen Intuition und impulsiven Reaktionen zu unterscheiden, und nutzen Sie Weisheit für eine ganzheitlichere Entscheidungsfindung.

Von den Entscheidungserfahrungen anderer lernen

Lernen Sie von den Entscheidungserfahrungen anderer, sowohl von Erfolgen als auch von Misserfolgen.

Lesen Sie Fallstudien, hören Sie sich Podcasts an oder führen Sie Gespräche mit Personen, die vor ähnlichen Entscheidungen standen. Gewinnen Sie wertvolle Erkenntnisse und wenden Sie diese auf Ihren eigenen Entscheidungsprozess an.

Verwendung von Visualisierungstechniken

Visualisierung ist eine leistungsstarke Technik, um die Entscheidungsfindung zu verbessern. Stellen Sie sich die möglichen Ergebnisse verschiedener Entscheidungen vor und stellen Sie sich vor, wie sie mit Ihren Zielen und Werten übereinstimmen. Visualisieren Sie die Emotionen und Auswirkungen, die mit jeder Option verbunden sind, und helfen Sie Ihnen, Entscheidungen zu treffen, die tief in Ihnen nachhallen.

Bewertung der Opportunitätskosten

Jede Entscheidung ist mit Opportunitätskosten verbunden, dem potenziellen Wert oder Nutzen, der durch die Wahl einer Option gegenüber einer anderen geopfert wird. Berücksichtigen Sie die Kompromisse und wägen Sie die Vorteile gegen die Kosten ab. Bewerten Sie, was Sie in verschiedenen Szenarien gewinnen und verlieren können, um fundiertere und strategischere Entscheidungen zu treffen.

Verantwortung für Entscheidungsergebnisse übernehmen

Die Verantwortung für die Ergebnisse Ihrer Entscheidungen zu übernehmen, ist entscheidend für das persönliche und berufliche Wachstum. Erkennen Sie die Rolle an, die Sie im Entscheidungsprozess gespielt haben, unabhängig davon, ob die Ergebnisse positiv oder negativ sind. Lernen Sie aus den Ergebnissen, nehmen Sie notwendige Anpassungen vor und nutzen Sie sie als Sprungbrett für den zukünftigen Erfolg.

Feier der Entscheidungsfindung

Die Entscheidungsfindung ist eine fortlaufende Reise voller Möglichkeiten für Wachstum, Lernen und Selbstfindung. Feiern Sie Ihre Fortschritte, Meilensteine und die Erkenntnisse, die Sie dabei gewonnen haben. Nehmen Sie die Herausforderungen und Triumphe der Entscheidungsfindung an und erkennen Sie, dass jede Entscheidung das Potenzial hat, Ihr Leben auf sinnvolle Weise zu gestalten.

Nutzung der Entscheidungsfindung in Teamumgebungen

Die Entscheidungsfindung im Team erfordert Zusammenarbeit, Kommunikation und Konsensbildung. Fördern Sie eine Kultur der aktiven Beteiligung und Inklusivität und stellen Sie sicher, dass alle Teammitglieder eine Stimme im Entscheidungsprozess haben. Fördern Sie konstruktive Debatten und nutzen Sie die kollektive Intelligenz des Teams, um fundierte Entscheidungen zu treffen.

Bewertung von Entscheidungsrisiken

Jede Entscheidung birgt inhärente Risiken. Bewerten
Sie die potenziellen Risiken, die mit jeder Entscheidung
verbunden sind, und entwickeln Sie Strategien zur
Risikominderung. Berücksichtigen Sie Faktoren
wie finanzielle Risiken, Reputationsrisiken und die
potenziellen Auswirkungen auf die Stakeholder.
Indem Sie Risiken proaktiv angehen, können Sie
Entscheidungen mit größerer Sicherheit treffen und
negative Folgen minimieren.

Förderung ethischer Entscheidungsfindung in Organisationen

Ethische Entscheidungsfindung ist entscheidend für die Aufrechterhaltung von Vertrauen, Integrität und ethischem Verhalten innerhalb von Organisationen. Fördern Sie eine Kultur, die ethisches Verhalten wertschätzt, indem Sie klare ethische Richtlinien festlegen, Transparenz fördern und Schulungen zur ethischen Entscheidungsfindung anbieten. Ermutigen Sie Ihre Mitarbeiter, ethische Standards einzuhalten und sie für ihre Entscheidungen zur Rechenschaft zu ziehen.

Entscheidungsfindung als Innovationstreiber nutzen

Die Entscheidungsfindung ist eng mit Innovation verbunden. Fördern Sie eine Denkweise des Experimentierens und der Risikobereitschaft und befähigen Sie den Einzelnen, Entscheidungen zu treffen, die Kreativität fördern und Innovationen vorantreiben. Setzen Sie auf eine Kultur, die das Lernen aus Fehlern unterstützt, denn Innovation entsteht oft aus der Bereitschaft, neue Möglichkeiten zu erkunden.

Nutzung der Entscheidungsfindung für das persönliche Wachstum

Persönliches Wachstum ist eng mit der Entscheidungsfindung verbunden. Betrachten Sie Entscheidungen als Chancen zur Selbstfindung, Selbstverbesserung und persönlichen Transformation. Denken Sie darüber nach, wie jede Entscheidung mit Ihren Werten, Bestrebungen und persönlichen Entwicklungszielen übereinstimmt. Nutzen Sie die Entscheidungsfindung als Katalysator für kontinuierliches Wachstum und Selbstverwirklichung.

Förderung des Vertrauens in die Entscheidungsfindung

Der Aufbau von Vertrauen in die Entscheidungsfindung ist unerlässlich, um durchsetzungsfähige Entscheidungen zu treffen. Kultivieren Sie Ihr Selbstvertrauen, indem Sie Ihre Stärken erkennen, vergangene Erfolge anerkennen und aus Fehlern lernen. Umgib dich mit unterstützenden Menschen, die an deine Entscheidungsfähigkeit glauben, was dein Selbstvertrauen weiter stärkt.

Einbeziehung von Feedbackschleifen in die Entscheidungsfindung

Feedbackschleifen liefern wertvolle Erkenntnisse und erleichtern die kontinuierliche Verbesserung der Entscheidungsfindung. Holen Sie Feedback von Stakeholdern ein, die von Ihren Entscheidungen betroffen sind, und nutzen Sie es, um Ihren Entscheidungsprozess zu verfeinern. Bewerten Sie regelmäßig die Ergebnisse von Entscheidungen, lernen Sie daraus und passen Sie Ihren Ansatz entsprechend an.

Die Rolle der Entscheidungsfindung im Krisenmanagement

Eine effektive Entscheidungsfindung ist in Krisenzeiten von entscheidender Bedeutung. Entwickeln Sie Krisenmanagementprotokolle, legen Sie Entscheidungsrahmen fest und identifizieren Sie wichtige Entscheidungsträger im Voraus. Stellen Sie sicher, dass Entscheidungen schnell getroffen werden, wobei der unmittelbare Bedarf und die langfristigen Auswirkungen von Krisensituationen berücksichtigt werden.

Balance zwischen Entschlossenheit und Analyse

Die Balance zwischen Entschlossenheit und Analyse ist entscheidend für die Entscheidungsfindung. Vermeiden Sie es, Entscheidungen ohne angemessene Überlegung und Analyse zu überstürzen. Achten Sie jedoch auch auf die Lähmung der Analyse und die potenziellen Kosten einer verzögerten Entscheidungsfindung. Finden Sie das richtige Gleichgewicht, indem Sie die notwendigen Informationen sammeln und gleichzeitig ein Gefühl der Dringlichkeit bewahren.

Die Evolution der Entscheidungsfindung annehmen

Die Entscheidungsfindung ist ein dynamischer Prozess, der sich im Laufe der Zeit weiterentwickelt. Nehmen Sie die sich ständig verändernde Natur der Entscheidungsfindung an, indem Sie offen für neue Ansätze, Strategien und Tools bleiben. Passen Sie sich an technologische Fortschritte, sich entwickelnde gesellschaftliche Normen und neue Forschungsergebnisse an, um Ihre Entscheidungsfähigkeit kontinuierlich zu verbessern.

Nutzung der Entscheidungsfindung im Bereich der persönlichen Finanzen

Eine fundierte Entscheidungsfindung ist im Bereich der persönlichen Finanzen unerlässlich. Entwickeln Sie einen Finanzplan, setzen Sie klare finanzielle Ziele und treffen Sie fundierte Entscheidungen in Bezug auf Einsparungen, Investitionen und Ausgaben. Berücksichtigen Sie die möglichen langfristigen Folgen finanzieller Entscheidungen und lassen Sie sich bei Bedarf von Finanzexperten beraten.

Entscheidungsfindung in den Bereichen Gesundheit und Wohlbefinden

Die Entscheidungsfindung spielt eine wichtige Rolle bei der Erhaltung von Gesundheit und Wohlbefinden. Treffen Sie Entscheidungen, die Bewegung, Ernährung, Stressbewältigung und Selbstfürsorge in den Vordergrund stellen. Bewerten Sie die potenziellen Risiken und Vorteile von Gesundheitsoptionen und wenden Sie sich an medizinisches Fachpersonal, um fundierte Entscheidungen über Ihr Wohlbefinden zu treffen.

Die Auswirkungen der Entscheidungsfindung auf die Umwelt

Unsere Entscheidungen haben direkte Auswirkungen auf die Umwelt. Treffen Sie umweltbewusste Entscheidungen, wie z. B. Abfallreduzierung, Energieeinsparung und Unterstützung nachhaltiger Praktiken. Informieren Sie sich über die Auswirkungen Ihrer Entscheidungen auf die Umwelt und suchen Sie nach Möglichkeiten, Ihren ökologischen Fußabdruck zu minimieren.

Kultivierung der Entscheidungsfindung in der Bildung

Die Entscheidungsfindung ist ein integraler Bestandteil der Bildung. Ermutigen Sie die Schüler, kritisches Denken zu entwickeln, verschiedene Perspektiven zu berücksichtigen und fundierte Entscheidungen zu treffen. Vermitteln Sie Entscheidungsfindung als lebenslange Fähigkeit und befähigen Sie die Schüler, ihren Bildungsweg zu steuern und Entscheidungen zu treffen, die auf ihr akademisches und persönliches Wachstum abgestimmt sind.

Die Rolle der Entscheidungsfindung im Unternehmertum

Unternehmertum erfordert eine effektive Entscheidungsfindung in jeder Phase. Bewerten Sie Marktchancen, Risiken und treffen Sie strategische Entscheidungen, um das Unternehmenswachstum voranzutreiben. Gehen Sie kalkulierte Risiken ein, passen Sie sich an sich ändernde Marktbedingungen an und lernen Sie sowohl aus Erfolgen als auch aus Misserfolgen, um sich in der unternehmerischen Landschaft zurechtzufinden.

Anwendung der Entscheidungsfindung in der Konfliktlösung

Die Entscheidungsfindung ist entscheidend für die Konfliktlösung. Berücksichtigen Sie die Bedürfnisse und Perspektiven aller Beteiligten, suchen Sie nach Gemeinsamkeiten und treffen Sie Entscheidungen, die Verständnis und Zusammenarbeit fördern. Nutzen Sie effektive Kommunikations- und Verhandlungsfähigkeiten, um für beide Seiten vorteilhafte Lösungen für Konflikte zu finden.

Entscheidungsfindung in ethischen Dilemmata in der Medizin

Ethische Dilemmata sind in der Medizin weit verbreitet. Angehörige der Gesundheitsberufe müssen komplexe Entscheidungen treffen, die sich auf das Leben der Patienten auswirken. Wenden Sie ethische Rahmenbedingungen und Prinzipien an, um Entscheidungen zu treffen, die das Wohlergehen, die Autonomie und die Gerechtigkeit der Patienten in den Vordergrund stellen. Konsultieren Sie Kollegen und Ethikkommissionen, wenn Sie mit herausfordernden ethischen Situationen konfrontiert sind.

Einbeziehung der Entscheidungsfindung in die Interessenvertretung für soziale Gerechtigkeit

Das Eintreten für soziale Gerechtigkeit beinhaltet oft, Entscheidungen zu treffen, die systemische Ungleichheiten angehen und Fairness fördern. Berücksichtigen Sie die potenziellen Auswirkungen von Advocacy-Entscheidungen auf marginalisierte Gemeinschaften und arbeiten Sie gemeinsam an der Entwicklung von Strategien, die einen positiven sozialen Wandel vorantreiben. Priorisieren Sie Inklusivität, Gleichberechtigung und Empowerment in Entscheidungsprozessen.

Die Rolle der Entscheidungsfindung in persönlichen Beziehungen

Die Entscheidungsfindung hat einen großen Einfluss auf persönliche Beziehungen. Treffen Sie Entscheidungen, die eine offene Kommunikation, Respekt und gegenseitiges Wachstum fördern. Berücksichtigen Sie die Bedürfnisse und Wünsche anderer und beteiligen Sie sich an der gemeinsamen Entscheidungsfindung, um gesunde und erfüllende Beziehungen zu gewährleisten.

Kultivierung der Entscheidungsfindung in der Erziehung

Elternschaft erfordert zahlreiche Entscheidungen, die das Leben eines Kindes prägen. Verfolgen Sie einen durchdachten und werteorientierten Ansatz bei Erziehungsentscheidungen. Berücksichtigen Sie das Wohlbefinden, die Individualität und die langfristige Entwicklung des Kindes, wenn Sie Entscheidungen über Bildung, Disziplin und außerschulische Aktivitäten treffen.

Integration der Entscheidungsfindung in das Projektmanagement

Effektives Projektmanagement beruht auf fundierten Entscheidungen. Entwickeln Sie einen systematischen Ansatz für die Entscheidungsfindung innerhalb von Projekten unter Berücksichtigung von Faktoren wie Projektzielen, Zeitplänen, Ressourcenzuweisung und Stakeholder-Bedürfnissen. Nutzen Sie Tools zur Entscheidungsfindung, Risikobewertung und Feedbackschleifen, um erfolgreiche Projektergebnisse zu gewährleisten.

Die Rolle der Entscheidungsfindung in der öffentlichen Politik

Politische Entscheidungen haben weitreichende Auswirkungen auf die Gesellschaft. Berücksichtigen Sie verschiedene Perspektiven, beziehen Sie Interessengruppen ein und führen Sie gründliche Recherchen durch, wenn Sie politische Entscheidungen treffen. Streben Sie eine evidenzbasierte Entscheidungsfindung an, die gesellschaftliche Herausforderungen angeht, Gleichberechtigung fördert und das Wohlergehen aller Bürger fördert.

Balance zwischen persönlicher und beruflicher Entscheidungsfindung

Die Balance zwischen persönlicher und beruflicher Entscheidungsfindung ist eine ständige Herausforderung. Erkenne, dass die Entscheidungen, die du in einem Bereich triffst, den anderen beeinflussen können. Bemühen Sie sich um eine Übereinstimmung zwischen Ihren persönlichen Werten und beruflichen Zielen und treffen Sie Entscheidungen, die beide Bereiche harmonisch integrieren.

Entscheidungsfindung in Philanthropie und Social Impact

Philanthropie und Social-Impact-Initiativen erfordern eine durchdachte Entscheidungsfindung. Bewerten Sie die potenziellen Auswirkungen philanthropischer Entscheidungen, führen Sie eine Due-Diligence-Prüfung von Organisationen und Anliegen durch und engagieren Sie sich in strategischer Philanthropie, die einen positiven sozialen Wandel maximiert. Bewerten Sie die Wirksamkeit und die Ergebnisse Ihrer philanthropischen Bemühungen, um Ihre Entscheidungsfindung in diesem Bereich kontinuierlich zu verfeinern.

Die Rolle der Entscheidungsfindung in der Krisenkommunikation

In Krisenzeiten ist die Entscheidungsfindung in der Kommunikation von entscheidender Bedeutung. Treffen Sie zeitnahe und fundierte Entscheidungen über Kommunikationsstrategien, Messaging und Stakeholder-Engagement. Berücksichtigen Sie die potenziellen Auswirkungen auf den Ruf, Transparenz und Empathie, wenn Sie Entscheidungen treffen, um Krisensituationen effektiv zu bewältigen.

Anwendung der Entscheidungsfindung in der Technologieentwicklung

Die Technologieentwicklung beruht auf einer effektiven Entscheidungsfindung, um Innovation und Fortschritt voranzutreiben. Bewerten Sie technologische Optionen, antizipieren Sie potenzielle Risiken und Vorteile und treffen Sie fundierte Entscheidungen über Forschung und Entwicklung. Beziehen Sie ethische Überlegungen, Benutzerfeedback und Marktanforderungen in Entscheidungsprozesse ein.

Entscheidungsfindung in rechtlichen und ethischen Dilemmata

Rechtliche und ethische Dilemmata erfordern eine sorgfältige Entscheidungsfindung, um Gerechtigkeit und Fairness zu wahren. Wenden Sie rechtliche Rahmenbedingungen an, berücksichtigen Sie ethische Grundsätze, konsultieren Sie Rechtsexperten und führen Sie gründliche Analysen durch, um Entscheidungen zu treffen, die mit rechtlichen und moralischen Verpflichtungen übereinstimmen.

Einbeziehung der Entscheidungsfindung in das Supply Chain Management

Ein effektives Supply-Chain-Management hängt von fundierten Entscheidungen ab. Bewerten Sie Lieferanten, berücksichtigen Sie die Kosteneffizienz, bewerten Sie Risiken und treffen Sie Entscheidungen, die Logistik und Betrieb optimieren. Integrieren Sie Überlegungen zu Nachhaltigkeit und sozialer Verantwortung in die Entscheidungsfindung in der Lieferkette, um ein verantwortungsvolleres und widerstandsfähigeres System zu schaffen.

Entscheidungsfindung bei Fusionen und Übernahmen

Fusionen und Übernahmen beinhalten komplexe Entscheidungen, die sich auf Unternehmen und Stakeholder auswirken. Bewerten Sie finanzielle Auswirkungen, strategische Ausrichtung, kulturelle Eignung und potenzielle Risiken bei Entscheidungen über Fusionen und Übernahmen. Führen Sie eine gründliche Due-Diligence-Prüfung durch und lassen Sie sich von Experten beraten, um eine erfolgreiche Integration und ein erfolgreiches Wachstum zu gewährleisten.

Kultivierung der Entscheidungsfindung in der wissenschaftlichen Forschung

Wissenschaftliche Forschung erfordert eine sorgfältige Entscheidungsfindung, um den Wissensfortschritt voranzutreiben. Entwerfen Sie Experimente, analysieren Sie Daten und treffen Sie Entscheidungen, die wissenschaftlichen Prinzipien und ethischen Standards entsprechen. Förderung einer Kultur der rigorosen und transparenten Entscheidungsfindung, um die Integrität und Wirkung der wissenschaftlichen Forschung zu verbessern.

Entscheidungsfindung im Personalmanagement

Das Personalmanagement umfasst wichtige Entscheidungen in Bezug auf die Rekrutierung, Leistungsbewertung, Schulung und das Wohlbefinden der Mitarbeiter. Berücksichtigen Sie bei Personalentscheidungen die Unternehmensziele, die gesetzlichen Anforderungen und die Bedürfnisse der Mitarbeiter. Fördern Sie ein unterstützendes und integratives Arbeitsumfeld, in dem der Input der Mitarbeiter in Entscheidungsprozessen geschätzt wird.

Anwendung der Entscheidungsfindung im Risikomanagement

Risikomanagement erfordert eine effektive Entscheidungsfindung, um potenzielle Risiken zu identifizieren, zu bewerten und zu mindern. Bewerten Sie die Wahrscheinlichkeit und die Auswirkungen von Risiken, entwickeln Sie Risikomanagementstrategien und treffen Sie Entscheidungen, die Schwachstellen minimieren. Überprüfen und aktualisieren Sie regelmäßig Risikomanagementpläne, um sich an veränderte Umstände anzupassen.

Entscheidungsfindung bei der Projektpriorisierung

Wenn Sie mit mehreren Projekten konfrontiert sind, ist die Priorisierung entscheidend. Bewerten Sie die strategische Ausrichtung, die Ressourcenverfügbarkeit und die potenziellen Auswirkungen jedes Projekts. Treffen Sie fundierte Entscheidungen über die Projektsequenzierung und Ressourcenzuweisung, um den Gesamterfolg des Unternehmens zu maximieren.

Entscheidungsfindung in Vertrieb und Marketing

Vertriebs- und Marketingentscheidungen haben einen erheblichen Einfluss auf den Geschäftserfolg. Analysieren Sie Markttrends, Verbraucherverhalten und Wettbewerbslandschaften, um Entscheidungen zur Optimierung von Vertriebs- und Marketingstrategien zu treffen. Berücksichtigen Sie Preisgestaltung, Werbung, Vertrieb und Produktentwicklung, wenn Sie Entscheidungen in diesen Bereichen treffen.

Die Rolle der Entscheidungsfindung für die persönliche Produktivität

Die persönliche Produktivität hängt von einer effektiven Entscheidungsfindung ab. Priorisieren Sie Aufgaben, weisen Sie Zeit und Ressourcen sinnvoll zu und treffen Sie Entscheidungen, die mit Ihren Zielen und Werten übereinstimmen. Üben Sie sich in Selbstdisziplin und Selbstbewusstsein, um Ihren Entscheidungsprozess zu verbessern und Ihre Produktivität zu maximieren.

Entscheidungsfindung im Qualitätsmanagement

Qualitätsmanagement erfordert systematische Entscheidungen, um Produkt- und Serviceexzellenz zu gewährleisten. Legen Sie Qualitätsstandards fest, überwachen Sie die Leistung und treffen Sie Entscheidungen, die Prozesse und Kundenzufriedenheit verbessern. Nutzen Sie datengestützte Erkenntnisse und Kundenfeedback, um die Qualitätsmanagementpraktiken kontinuierlich zu verbessern.

Anwendung der Entscheidungsfindung im internationalen Geschäft

Internationale Geschäftsentscheidungen erfordern ein Verständnis kultureller, politischer und wirtschaftlicher Faktoren. Bewerten Sie Markteintrittsstrategien, bewerten Sie Risiken und Chancen und treffen Sie Entscheidungen, die mit den globalen Geschäftszielen übereinstimmen. Berücksichtigen Sie bei der internationalen Expansion die interkulturelle Kommunikation, die gesetzlichen Anforderungen und die Marktanpassung.

Entscheidungsfindung in Non-Profit-Organisationen

Die Entscheidungsfindung in Non-Profit-Organisationen ist aufgrund des Fokus auf soziale Auswirkungen einzigartig. Berücksichtigen Sie bei der Entscheidungsfindung die Mission der Organisation, die Bedürfnisse der Gemeinschaft und die Interessen der Stakeholder. Bringen Sie die finanzielle Nachhaltigkeit mit den sozialen Zielen des Unternehmens in Einklang, um langfristige Effektivität und Wirkung zu gewährleisten.

Die Rolle der Entscheidungsfindung in der Regierungspolitik

Regierungspolitik hat weitreichende Auswirkungen auf Gesellschaften und Nationen. Bewerten Sie soziale, wirtschaftliche und ökologische Faktoren, wenn Sie politische Entscheidungen treffen. Beziehen Sie Interessengruppen ein, ziehen Sie Expertenrat in Betracht und bewerten Sie mögliche Konsequenzen, um Strategien zu entwickeln, die das Gemeinwohl und die langfristige Nachhaltigkeit fördern.

Entscheidungsfindung im persönlichen Zeitmanagement

Persönliches Zeitmanagement beruht auf einer effektiven Entscheidungsfindung, um Zeit für verschiedene Aktivitäten und Verantwortlichkeiten zuzuweisen. Setzen Sie klare Prioritäten, setzen Sie Grenzen und treffen Sie Entscheidungen, die mit Ihren Werten und persönlichen Zielen übereinstimmen. Evaluieren und passen Sie Ihre Zeitmanagementstrategien regelmäßig an, um eine gesunde Work-Life-Balance aufrechtzuerhalten.

Nutzung der Entscheidungsfindung bei der Optimierung der Lieferkette

Die Optimierung von Lieferketten erfordert strategische Entscheidungen. Bewerten Sie Faktoren wie Bedarfsprognose, Bestandsverwaltung, Transportlogistik und Lieferantenbeziehungen. Treffen Sie fundierte Entscheidungen, die Abläufe rationalisieren, Kosten senken und die Kundenzufriedenheit in der gesamten Lieferkette verbessern.

Entscheidungsfindung im organisationalen Change Management

Beim organisatorischen Change Management geht
es darum, Entscheidungen zu treffen, die Übergänge
effektiv steuern. Bewerten Sie die Notwendigkeit von
Veränderungen, entwickeln Sie Change-Management-
Pläne und treffen Sie Entscheidungen, die reibungslose
Übergänge erleichtern und Widerstände minimieren.
Kommunizieren Sie transparent und binden Sie Ihre
Mitarbeiter in die Entscheidungsfindung ein, um
die Akzeptanz und die erfolgreiche Umsetzung von
Veränderungen zu fördern.

Anwendung der Entscheidungsfindung in der Krisenreaktion

Die Krisenreaktion erfordert eine schnelle und entschlossene Entscheidungsfindung. Bewerten Sie die Situation, sammeln Sie relevante Informationen und treffen Sie Entscheidungen, die der Sicherheit und dem Wohlergehen der von der Krise betroffenen Personen Vorrang einräumen. Kommunizieren Sie effektiv und arbeiten Sie mit Stakeholdern zusammen, um die Krisenreaktion zu koordinieren.

Entscheidungsfindung in Bezug auf exzellenten Kundenservice

Ein außergewöhnlicher Kundenservice erfordert eine effektive Entscheidungsfindung. Ermöglichen Sie es Kundendienstmitarbeitern, Entscheidungen zu treffen, die die Kundenzufriedenheit in den Vordergrund stellen, Probleme lösen und die Erwartungen übertreffen. Entwickeln Sie Richtlinien und Schulungsprogramme, die es den Mitarbeitern ermöglichen, fundierte und kundenorientierte Entscheidungen zu treffen.

Die Rolle der Entscheidungsfindung im Innovationsmanagement

Innovationsmanagement stützt sich auf strategische Entscheidungen, um Kreativität und Durchbrüche voranzutreiben. Bewerten Sie Ideen, priorisieren Sie Innovationsprojekte und treffen Sie Entscheidungen, die eine Innovationskultur fördern. Ermutigen Sie zum Experimentieren, gehen Sie kalkulierte Risiken ein und nutzen Sie Kundeneinblicke, um Innovationen innerhalb des Unternehmens voranzutreiben.

Entscheidungsfindung im Bereich Corporate Social Responsibility

Entscheidungen zur sozialen Verantwortung von Unternehmen (Corporate Social Responsibility, CSR) haben einen erheblichen Einfluss auf den Ruf und den gesellschaftlichen Beitrag eines Unternehmens. Treffen Sie Entscheidungen, die mit den CSR-Werten übereinstimmen, ökologische und soziale Probleme ansprechen und nachhaltige Praktiken fördern. Binden Sie Stakeholder ein, messen Sie die Auswirkungen und verbessern Sie CSR-Initiativen kontinuierlich durch fundierte Entscheidungen.

Nutzung der Entscheidungsfindung im finanziellen Risikomanagement

Finanzielles Risikomanagement erfordert eine fundierte Entscheidungsfindung, um finanzielle Risiken zu identifizieren, zu bewerten und zu mindern. Bewerten Sie die Marktbedingungen, bewerten Sie die Risikoexposition und treffen Sie Entscheidungen, die das Risiko-Ertrags-Verhältnis optimieren. Entwickeln Sie Risikomanagementstrategien, die die Finanzstabilität gewährleisten und vor potenziellen Verlusten schützen.

Entscheidungsfindung in der Öffentlichkeitsarbeit und im Reputationsmanagement

Entscheidungen über Öffentlichkeitsarbeit und Reputationsmanagement beeinflussen, wie Organisationen in der Öffentlichkeit wahrgenommen werden. Bewerten Sie Messaging-, Medien- und Krisenkommunikationsstrategien, wenn Sie Entscheidungen in diesem Bereich treffen. Aktives Management und Schutz des Rufs des Unternehmens durch transparente und ethische Entscheidungspraktiken.

Anwendung der Entscheidungsfindung im Wissensmanagement

Beim Wissensmanagement geht es darum, Entscheidungen zu treffen, um organisatorisches Wissen zu erfassen, zu organisieren und zu nutzen. Bewerten Sie den Wissensbedarf, entwickeln Sie Strategien für den Wissensaustausch und treffen Sie Entscheidungen, die die Zusammenarbeit und den Wissensfluss verbessern. Fördern Sie eine Kultur, die kontinuierliches Lernen und Innovation durch effektive Entscheidungsfindung im Wissensmanagement schätzt.

Die Rolle der Entscheidungsfindung in der Wirtschaftsethik

Geschäftsethische Entscheidungen wirken sich auf die Integrität, den Ruf und den langfristigen Erfolg eines Unternehmens aus. Bewerten Sie ethische Dilemmata, berücksichtigen Sie rechtliche und moralische Verpflichtungen und treffen Sie Entscheidungen, die ethisches Verhalten und das Wohlergehen der Stakeholder in den Vordergrund stellen. Förderung einer ethischen Kultur durch transparente Entscheidungsfindung und Rechenschaftspflicht.

Entscheidungsfindung in kultureller Sensibilität

Kulturelle Sensibilität ist bei der Entscheidungsfindung unerlässlich, um unterschiedliche kulturelle Normen und Werte zu respektieren. Berücksichtigen Sie kulturelle Unterschiede, historische Kontexte und soziale Dynamiken, wenn Sie Entscheidungen treffen, die sich auf Personen aus verschiedenen Kulturen auswirken. Setzen Sie auf kulturelle Demut und suchen Sie aktiv nach Beiträgen aus verschiedenen Perspektiven, um eine integrative und kulturell sensible Entscheidungsfindung zu gewährleisten.

Nutzung der Entscheidungsfindung in der Datenanalyse

Die Datenanalyse spielt eine entscheidende Rolle bei der Entscheidungsfindung in verschiedenen Branchen. Analysieren Sie Daten, extrahieren Sie aussagekräftige Erkenntnisse und treffen Sie Entscheidungen auf der Grundlage datengestützter Beweise. Nutzen Sie Datenvisualisierungstools und statistische Techniken, um die Genauigkeit und Effektivität der Entscheidungsfindung in datengesteuerten Umgebungen zu verbessern.

Entscheidungsfindung im öffentlichen Gesundheitsmanagement

Das öffentliche Gesundheitsmanagement erfordert eine fundierte Entscheidungsfindung, um die Gesundheit der Bevölkerung zu schützen und zu fördern. Bewerten Sie epidemiologische Daten, bewerten Sie Interventionsstrategien und treffen Sie Entscheidungen, die den Ergebnissen der öffentlichen Gesundheit Priorität einräumen. Arbeiten Sie mit Angehörigen der Gesundheitsberufe, politischen Entscheidungsträgern und Gemeindemitgliedern zusammen, um evidenzbasierte Entscheidungen im öffentlichen Gesundheitsmanagement zu treffen.

Anwendung der Entscheidungsfindung in der Katastrophenvorsorge und -reaktion

Entscheidungen zur Katastrophenvorsorge und -reaktion sind von entscheidender Bedeutung, um die Auswirkungen von Notfällen abzumildern. Bewerten Sie potenzielle Risiken, entwickeln Sie Notfallpläne und treffen Sie Entscheidungen, die die Sicherheit und das Wohlergehen von Einzelpersonen und Gemeinschaften in den Vordergrund stellen. Koordinieren Sie sich mit relevanten Stakeholdern und kommunizieren Sie effektiv, um eine effiziente und effektive Katastrophenhilfe zu gewährleisten.

Entscheidungsfindung in Künstlicher Intelligenz und Maschinellem Lernen

Entscheidungen im Bereich der künstlichen Intelligenz (KI) und des maschinellen Lernens (ML) haben einen tiefgreifenden Einfluss auf die Technologieentwicklung und -automatisierung. Bewerten Sie die ethischen Auswirkungen, potenziellen Vorurteile und Datenschutzüberlegungen im Zusammenhang mit KI- und ML-Systemen. Treffen Sie Entscheidungen, bei denen Fairness, Transparenz und menschliches Wohlergehen bei der Entwicklung und dem Einsatz von KI- und ML-Technologien im Vordergrund stehen.

Die Rolle der Entscheidungsfindung im Umweltschutz

Entscheidungen zum Umweltschutz sind für den Schutz natürlicher Ressourcen und Ökosysteme von entscheidender Bedeutung. Bewerten Sie die ökologischen Auswirkungen von Entscheidungen, berücksichtigen Sie Nachhaltigkeitsprinzipien und treffen Sie Entscheidungen, die die biologische Vielfalt fördern, die Umweltverschmutzung reduzieren und den Klimawandel eindämmen. Setzen Sie sich für eine Umweltpolitik ein und engagieren Sie sich für nachhaltige Praktiken, um Naturschutzbemühungen zu unterstützen.

Entscheidungsfindung bei der Vergabe von philanthropischen Zuschüssen

Philanthropische Entscheidungen über die Vergabe von Zuschüssen bestimmen die Verteilung der Mittel zur Unterstützung wohltätiger Initiativen. Bewerten Sie die Übereinstimmung zwischen Förderanträgen und philanthropischen Zielen, bewerten Sie das Wirkungspotenzial und treffen Sie Entscheidungen, die den sozialen und ökologischen Nutzen maximieren. Führen Sie eine Due-Diligence-Prüfung durch und überwachen Sie die Ergebnisse der Zuschüsse, um eine effektive Ressourcenzuweisung zu gewährleisten.

Anwendung der Entscheidungsfindung in der Sportstrategie

Sportstrategische Entscheidungen beeinflussen den Spielausgang und die Teamleistung. Analysiere Gegner, bewerte die Fähigkeiten der Spieler und triff Entscheidungen, die Spielpläne und Taktiken optimieren. Passen Sie Strategien auf der Grundlage von Echtzeit-Bewertungen an und passen Sie die Entscheidungsfindung während des Spiels an, um Wettbewerbsvorteile und Erfolg zu erzielen.

Entscheidungsfindung in der digitalen Transformation

Entscheidungen zur digitalen Transformation prägen die Integration von Technologie in Unternehmen. Bewerten Sie technologische Fähigkeiten, berücksichtigen Sie die organisatorische Bereitschaft und treffen Sie Entscheidungen, die mit den Zielen der digitalen Transformation übereinstimmen. Setzen Sie auf Innovationen, erleichtern Sie das Änderungsmanagement und befähigen Sie Ihre Mitarbeiter, digitale Lösungen durch effektive Entscheidungsfindung einzuführen.

Die Rolle der Entscheidungsfindung in der persönlichen Entwicklung

Die persönliche Entwicklung beruht auf bewusster Entscheidungsfindung, um Wachstum und Selbstverbesserung zu fördern. Denken Sie über persönliche Ziele nach, bewerten Sie Entscheidungen und treffen Sie Entscheidungen, die mit Ihren Werten und Bestrebungen übereinstimmen. Setzen Sie auf lebenslanges Lernen, suchen Sie nach neuen Erfahrungen und entwickeln Sie sich kontinuierlich durch zielgerichtete Entscheidungen auf Ihrem persönlichen Entwicklungsweg weiter.

Nutzung der Entscheidungsfindung bei der Projektbewertung und -überprüfung

Die Projektbewertung und -überprüfung erfordert eine effektive Entscheidungsfindung, um die Projektleistung zu bewerten und verbesserungswürdige Bereiche zu identifizieren. Bewerten Sie Projektergebnisse, analysieren Sie Daten und Metriken und treffen Sie Entscheidungen, die in die zukünftige Projektplanung und -ausführung einfließen. Nutzen Sie Evaluierungsergebnisse, um kontinuierliche Verbesserungen voranzutreiben und Projektergebnisse zu optimieren.

Entscheidungsfindung im Social Media Management

Social-Media-Management-Entscheidungen
beeinflussen den Ruf der Marke, das Engagement
des Publikums und die Online-Präsenz. Bewerten Sie
Social-Media-Plattformen, entwickeln Sie Content-
Strategien und treffen Sie Entscheidungen, die mit
den Markenwerten und den Vorlieben der Zielgruppe
übereinstimmen. Überwachen Sie Social-Media-
Analysen und passen Sie die Entscheidungsfindung an,
um die Social-Media-Leistung zu optimieren.

Anwendung der Entscheidungsfindung in der persönlichen Konfliktlösung

Persönliche Konfliktlösung erfordert geschickte Entscheidungen, um Verständnis und Versöhnung zu fördern. Bewerten Sie die Ursachen von Konflikten, hören Sie allen Beteiligten aktiv zu und treffen Sie Entscheidungen, die offene Kommunikation, Empathie und Kompromisse in den Vordergrund stellen. Streben Sie nach Win-Win-Lösungen und nutzen Sie Konflikte als Chance für Wachstum und Lösung.

Entscheidungsfindung in der Produktentwicklung

Entscheidungen in der Produktentwicklung beeinflussen das Design, die Funktionen und die Vermarktung neuer Produkte. Führen Sie Marktforschung durch, bewerten Sie die Bedürfnisse der Verbraucher und treffen Sie Entscheidungen, die auf die Marktnachfrage und die Unternehmensziele abgestimmt sind. Bringen Sie Innovation mit Machbarkeit und Rentabilität in Einklang, um erfolgreiche Produktentwicklungsergebnisse zu erzielen.

Die Rolle der Entscheidungsfindung bei der Talentakquise und im Talentmanagement

Talentakquise und Managemententscheidungen beeinflussen den Erfolg und das Wachstum von Unternehmen. Bewerten Sie die Qualifikationen der Kandidaten, bewerten Sie die kulturelle Eignung und treffen Sie Entscheidungen, die mit den Werten und Zielen des Unternehmens übereinstimmen. Entwickeln Sie Strategien für die Bindung von Talenten, die Karriereentwicklung und die Nachfolgeplanung durch effektive Entscheidungsfindung im Talentmanagement.

Nutzung der Entscheidungsfindung beim ethischen Investieren

Ethische Anlageentscheidungen bringen finanzielle Ziele mit sozialen und ökologischen Werten in Einklang. Bewerten Sie Investitionsmöglichkeiten, bewerten Sie Praktiken der Unternehmensverantwortung und treffen Sie Entscheidungen, die nachhaltige und sozial verantwortliche Unternehmen unterstützen. Betreiben Sie Impact Investing und richten Sie Anlageentscheidungen an persönlichen Werten aus, um positive Veränderungen zu bewirken.

Entscheidungsfindung in virtuellen und Remote-Arbeitsumgebungen

Virtuelle und Remote-Arbeitsumgebungen erfordern eine effektive Entscheidungsfindung, um Zusammenarbeit, Produktivität und Work-Life-Balance zu fördern. Evaluieren Sie Technologieplattformen, legen Sie Kommunikationsprotokolle fest und treffen Sie Entscheidungen, die das Engagement und die Leistung von Remote-Teams unterstützen. Nutzen Sie Flexibilität und passen Sie die Entscheidungsfindung an die einzigartigen Herausforderungen und Chancen der virtuellen Arbeit an.

Anwendung der Entscheidungsfindung in der Wettbewerbsanalyse

Entscheidungen zur Wettbewerbsanalyse treiben die strategische Positionierung und Marktdifferenzierung voran. Bewerten Sie Wettbewerber, bewerten Sie Markttrends und treffen Sie Entscheidungen, die Stärken nutzen und die Schwächen der Wettbewerber ausnutzen. Entwickeln Sie Strategien, die den Wettbewerbsvorteil durch fundierte Entscheidungsfindung und proaktive Marktanalyse maximieren.

Entscheidungsfindung in der Corporate Governance

Corporate-Governance-Entscheidungen sorgen für Transparenz, Rechenschaftspflicht und ethische Praktiken innerhalb von Organisationen. Bewerten Sie Governance-Rahmenbedingungen, legen Sie Vorstandsstrukturen fest und treffen Sie Entscheidungen, die Integrität und Shareholder Value fördern. Fördern Sie Vielfalt und Inklusion in Entscheidungsprozessen, um eine effektive Unternehmensführung zu fördern.

Die Rolle der Entscheidungsfindung für das persönliche Wohlbefinden

Das persönliche Wohlbefinden beruht auf einer bewussten Entscheidungsfindung, die Selbstfürsorge, psychische Gesundheit und Work-Life-Balance in den Vordergrund stellt. Bewerten Sie persönliche Bedürfnisse, setzen Sie Grenzen und treffen Sie Entscheidungen, die das körperliche und emotionale Wohlbefinden unterstützen. Nehmen Sie Selbstreflexion und Selbstmitgefühl als Leitprinzipien für Entscheidungen an, die das persönliche Wohlbefinden steigern.

Nutzung der Entscheidungsfindung in der Krisenkommunikation

In Krisenzeiten ist eine effektive Entscheidungsfindung in der Kommunikation von entscheidender Bedeutung. Bewerten Sie die Situation, sammeln Sie relevante Informationen und treffen Sie Entscheidungen, die Transparenz, Empathie und das Wohlergehen der Stakeholder in den Vordergrund stellen. Entwickeln Sie Pläne für die Krisenkommunikation, antizipieren Sie potenzielle Herausforderungen und passen Sie Entscheidungen in Echtzeit an, um Krisen erfolgreich zu meistern.

Entscheidungsfindung im Design Thinking

Bei Design Thinking geht es darum, Entscheidungen zu treffen, die Innovationen und nutzerzentrierte Lösungen fördern. Bewerten Sie die Bedürfnisse der Benutzer, generieren Sie kreative Ideen und treffen Sie Entscheidungen, die die Probleme der Benutzer ansprechen und sinnvolle Erfahrungen bieten. Setzen Sie auf Iteration, Zusammenarbeit und Empathie als Leitprinzipien für die Entscheidungsfindung im Design-Thinking-Prozess.

Anwendung der Entscheidungsfindung in Bezug auf Datenschutz und Datensicherheit

Datenschutz- und Sicherheitsentscheidungen sind unerlässlich, um sensible Informationen zu schützen und das Vertrauen der Stakeholder aufrechtzuerhalten. Bewerten Sie Datenschutzmaßnahmen, bewerten Sie Datenschutzrisiken und treffen Sie Entscheidungen, die der Einhaltung von Datenschutzbestimmungen und Best Practices Priorität einräumen. Entwickeln Sie robuste Sicherheitsprotokolle und gehen Sie potenzielle Schwachstellen durch fundierte Entscheidungsfindung proaktiv an.

Entscheidungsfindung in der digitalen Marketingstrategie

Digitale Marketingentscheidungen beeinflussen die Effektivität von Marketingkampagnen und die Kundenbindung. Bewerten Sie Zielgruppen, analysieren Sie Markttrends und treffen Sie Entscheidungen, die digitale Marketingstrategien über verschiedene Kanäle hinweg optimieren. Nutzen Sie Datenanalysen und Verbrauchereinblicke, um die Entscheidungsfindung zu unterstützen und die Wirkung digitaler Marketingbemühungen zu verbessern.

Die Rolle der Entscheidungsfindung bei der emotionalen Intelligenz

Emotionale Intelligenz bedeutet, Entscheidungen zu treffen, die das Selbstbewusstsein, die Selbstregulation, das Einfühlungsvermögen und die zwischenmenschlichen Beziehungen verbessern. Reflektieren Sie Emotionen, bewerten Sie die Auswirkungen von Entscheidungen auf sich selbst und andere und treffen Sie Entscheidungen, die emotionales Wohlbefinden und positive soziale Interaktionen in den Vordergrund stellen. Kultivieren Sie emotionale Intelligenz durch bewusste Entscheidungsfindung und kontinuierliche Selbstreflexion.

Nutzung der Entscheidungsfindung in grünen und nachhaltigen Geschäftspraktiken

Grüne und nachhaltige Geschäftspraktiken erfordern eine fundierte Entscheidungsfindung, um die Umweltbelastung zu verringern und die soziale Verantwortung zu fördern. Bewerten Sie den Ressourcenverbrauch, bewerten Sie die Praktiken der Lieferkette und treffen Sie Entscheidungen, die Nachhaltigkeit, erneuerbare Energien und Abfallreduzierung priorisieren. Machen Sie sich die Prinzipien der Kreislaufwirtschaft zu eigen und beteiligen Sie sich an einer umweltfreundlichen Entscheidungsfindung, um positive Veränderungen voranzutreiben.

Entscheidungsfindung im agilen Projektmanagement

Agiles Projektmanagement beruht auf iterativer und kollaborativer Entscheidungsfindung, um in einem schnelllebigen Umfeld einen Mehrwert zu schaffen. Bewerten Sie Projektanforderungen, priorisieren Sie Ergebnisse und treffen Sie Entscheidungen, die auf die Kundenbedürfnisse und Projektziele abgestimmt sind. Setzen Sie auf Anpassungsfähigkeit und fördern Sie eine offene Kommunikation, um Teams in agilen Entscheidungsprozessen zu unterstützen.

Anwendung der Entscheidungsfindung in der Krisenführung

Krisenführung erfordert eine effektive Entscheidungsfindung, um Teams und Organisationen durch herausfordernde Zeiten zu führen. Bewerten Sie Risiken, bewerten Sie verfügbare Ressourcen und treffen Sie Entscheidungen, die Sicherheit, ethisches Verhalten und organisatorische Widerstandsfähigkeit in den Vordergrund stellen. Kommunizieren Sie transparent, schaffen Sie Vertrauen und passen Sie Entscheidungen an die sich ändernden Umstände an, um Krisen erfolgreich zu meistern.

Entscheidungsfindung in den Bereichen Vielfalt, Gleichberechtigung und Inklusion

Entscheidungen zu Vielfalt, Gleichberechtigung und Inklusion fördern integrative Kulturen und gerechte Praktiken innerhalb von Organisationen. Bewerten Sie Richtlinien, bewerten Sie die Repräsentation und treffen Sie Entscheidungen, die Vielfalt fördern, Vorurteile beseitigen und ein integratives Umfeld fördern. Setzen Sie auf eine proaktive Entscheidungsfindung, die unterschiedliche Perspektiven und Erfahrungen respektiert und wertschätzt.

Die Rolle der Entscheidungsfindung im sozialen Unternehmertum

Soziales Unternehmertum bedeutet, Entscheidungen zu treffen, die soziale und ökologische Herausforderungen angehen und gleichzeitig Geschäftsziele verfolgen. Bewerten Sie die sozialen Auswirkungen, bewerten Sie die Rentabilität des Unternehmens und treffen Sie Entscheidungen, die mit der sozialen Mission des Unternehmens übereinstimmen. Begrüßen Sie Innovationen, arbeiten Sie mit Stakeholdern zusammen und nutzen Sie die Wirtschaft als Kraft für positive Veränderungen durch bewusste Entscheidungsfindung.

Nutzung der Entscheidungsfindung bei der Krisenbewältigung

Die Krisenbewältigung erfordert eine strategische Entscheidungsfindung, um ein disruptives Ereignis wiederherzustellen, wiederherzustellen und sich davon zu erholen. Bewerten Sie das Ausmaß des Schadens, bewerten Sie die verfügbaren Ressourcen und treffen Sie Entscheidungen, die dem unmittelbaren Bedarf und den langfristigen Wiederherstellungszielen Priorität einräumen. Entwickeln Sie Wiederherstellungspläne, koordinieren Sie die Bemühungen und passen Sie Entscheidungen an, wenn sich die Situation entwickelt, um eine erfolgreiche Wiederherstellung zu ermöglichen.

Entscheidungsfindung bei der globalen Marktexpansion

Entscheidungen zur globalen Marktexpansion sind für Unternehmen, die neue internationale Märkte erschließen möchten, von entscheidender Bedeutung. Bewerten Sie das Marktpotenzial, bewerten Sie kulturelle Nuancen und treffen Sie Entscheidungen, die mit globalen Geschäftsstrategien übereinstimmen. Berücksichtigen Sie Faktoren wie Marktforschung, Lokalisierung und Einhaltung gesetzlicher Vorschriften, um eine erfolgreiche Marktexpansion zu gewährleisten.

Anwendung der Entscheidungsfindung in der humanitären Hilfe und bei Hilfsmaßnahmen

Humanitäre Hilfe und Hilfsmaßnahmen erfordern eine effektive Entscheidungsfindung, um den Bedürftigen zu helfen. Bewerten Sie das Ausmaß der Krise, bewerten Sie die Verfügbarkeit von Ressourcen und treffen Sie Entscheidungen, die das Wohlergehen und die Würde der betroffenen Personen in den Vordergrund stellen. Arbeiten Sie mit humanitären Organisationen, Regierungsstellen und lokalen Gemeinschaften zusammen, um die Bereitstellung von Hilfsgütern zu optimieren.

Entscheidungsfindung in der persönlichen Finanzplanung

Die persönliche Finanzplanung beruht auf bewussten Entscheidungen, um finanzielle Ziele und langfristige Stabilität zu erreichen. Bewerten Sie Einnahmen, Ausgaben und Sparziele und treffen Sie Entscheidungen, die mit den persönlichen finanziellen Prioritäten übereinstimmen. Berücksichtigen Sie Anlageoptionen, Risikotoleranz und Altersvorsorge, um einen umfassenden Finanzplan zu entwickeln.

Die Rolle der Entscheidungsfindung in der digitalen Ethik

Digitale Ethikentscheidungen beinhalten die Bewältigung ethischer Herausforderungen im digitalen Raum. Bewerten Sie Datenschutz, algorithmische Vorurteile und die ethischen Implikationen neuer Technologien. Treffen Sie Entscheidungen, die ethisches Verhalten, digitale Inklusivität und verantwortungsvollen Umgang mit Technologie in den Vordergrund stellen, um eine digitale Landschaft aufzubauen, die der Gesellschaft als Ganzes zugute kommt.

Nutzung der Entscheidungsfindung in der Planung des öffentlichen Verkehrs

Die Planung des öffentlichen Verkehrs erfordert eine fundierte Entscheidungsfindung, um die Zugänglichkeit, Effizienz und Nachhaltigkeit zu verbessern. Bewerten Sie den Transportbedarf, bewerten Sie Infrastrukturoptionen und treffen Sie Entscheidungen, die der öffentlichen Sicherheit und den Auswirkungen auf die Umwelt Vorrang einräumen. Berücksichtigen Sie Faktoren wie Fahrgastmuster, den Input der Community und technologische Fortschritte bei Entscheidungen zur Verkehrsplanung.

Entscheidungsfindung bei der persönlichen Zielsetzung

Das Setzen und Erreichen persönlicher Ziele erfordert eine effektive Entscheidungsfindung. Denken Sie über Ihre Ziele nach, bewerten Sie persönliche Stärken und Schwächen und treffen Sie Entscheidungen, die mit den gewünschten Ergebnissen übereinstimmen. Entwickeln Sie Aktionspläne, priorisieren Sie Aufgaben und passen Sie Entscheidungen an, wenn Sie Fortschritte in Richtung persönlicher Ziele machen.

Anwendung der Entscheidungsfindung in der philanthropischen Zusammenarbeit

Philanthropische Entscheidungen zur Zusammenarbeit beinhalten Partnerschaften mit anderen Organisationen oder Einzelpersonen, um die soziale Wirkung zu maximieren. Bewerten Sie gemeinsame Ziele, bewerten Sie komplementäre Stärken und treffen Sie Entscheidungen, die die Zusammenarbeit fördern und die kollektiven philanthropischen Bemühungen verbessern. Setzen Sie auf strategische Partnerschaften und kollektive Entscheidungsfindung, um sinnvolle Veränderungen voranzutreiben.

Entscheidungsfindung in der politischen Wahlkampfstrategie

Politische Kampagnenstrategieentscheidungen beeinflussen den Wahlerfolg und das Engagement der Wähler. Bewerten Sie demografische Zielgruppen, bewerten Sie die politische Landschaft und treffen Sie Entscheidungen, die Kampagnenbotschaften, Mobilisierungsbemühungen und Fundraising-Strategien optimieren. Berücksichtigen Sie die öffentliche Meinung, politische Themen und Kampagnendaten, um die Entscheidungsfindung während des gesamten Wahlkampfprozesses zu unterstützen.

Die Rolle der Entscheidungsfindung in der nachhaltigen Stadtplanung

Nachhaltige städtebauliche Entscheidungen fördern umweltfreundliche und lebenswerte Städte. Bewerten Sie Landnutzung, Transportmöglichkeiten und Energieeffizienzmaßnahmen und treffen Sie Entscheidungen, die Nachhaltigkeit, Widerstandsfähigkeit und das Wohlergehen der Gemeinschaft in den Vordergrund stellen. Binden Sie Stakeholder ein, berücksichtigen Sie zukünftige Wachstumsprognosen und nutzen Sie innovative Ansätze für eine nachhaltige Entscheidungsfindung in der Stadtplanung.

Nutzung der Entscheidungsfindung bei der digitalen Transformation

Entscheidungen zur digitalen Transformation sind für Unternehmen von entscheidender Bedeutung, um sich an den technologischen Fortschritt anzupassen und wettbewerbsfähig zu bleiben. Bewerten Sie die aktuelle digitale Landschaft, bewerten Sie die organisatorischen Fähigkeiten und treffen Sie Entscheidungen, die Digitalisierungsbemühungen und kundenorientierte Strategien priorisieren. Nutzen Sie neue Technologien, rationalisieren Sie Prozesse und fördern Sie eine Innovationskultur durch fundierte Entscheidungsfindung bei der digitalen Transformation.

Entscheidungsfindung im Bereich der öffentlichen Sicherheit und des Notfallmanagements

Entscheidungen über die öffentliche Sicherheit und das Notfallmanagement spielen eine entscheidende Rolle beim Schutz von Gemeinschaften in Krisen und bei der Gewährleistung des öffentlichen Wohlergehens. Bewerten Sie Risiken, bewerten Sie Notfallpläne und treffen Sie Entscheidungen, die der öffentlichen Sicherheit, der effektiven Koordination und der Ressourcenzuweisung Priorität einräumen. Arbeiten Sie mit den zuständigen Behörden zusammen, arbeiten Sie mit Interessengruppen in der Gemeinde zusammen und passen Sie Entscheidungen auf der Grundlage von Echtzeitbewertungen an, um die Bemühungen um die öffentliche Sicherheit zu verbessern.

Anwendung der Entscheidungsfindung im Umgang mit geistigem Eigentum

Entscheidungen über die Verwaltung von geistigem Eigentum beinhalten den Schutz und die Nutzung von geistigem Eigentum für Wettbewerbsvorteile. Bewerten Sie Patent- und Urheberrechtsstrategien, bewerten Sie Lizenzierungsmöglichkeiten und treffen Sie Entscheidungen, die geistige Eigentumsrechte schützen und gleichzeitig das Kommerzialisierungspotenzial maximieren. Bleiben Sie über die Gesetze zum Schutz des geistigen Eigentums auf dem Laufenden und beauftragen Sie Rechtsexperten, die Entscheidungsfindung bei der Verwaltung des geistigen Eigentums zu unterstützen.

Entscheidungsfindung in der Krisenprävention

Krisenpräventionsentscheidungen sind proaktive Maßnahmen zur Risikominderung und Vermeidung potenzieller Krisen. Bewerten Sie Schwachstellen, bewerten Sie Frühwarnzeichen und treffen Sie Entscheidungen, die Risikoprävention, Mitarbeiterschulungen und robuste Krisenmanagementprotokolle priorisieren. Fördern Sie eine Kultur des Risikobewusstseins und der proaktiven Entscheidungsfindung, um Krisen zu verhindern, bevor sie auftreten.

Die Rolle der Entscheidungsfindung in der Gemeindeentwicklung

Entscheidungen zur Gemeindeentwicklung treiben einen positiven sozialen Wandel voran und stärken lokale Gemeinschaften. Bewerten Sie die Bedürfnisse der Gemeinschaft, bewerten Sie die verfügbaren Ressourcen und treffen Sie Entscheidungen, die Inklusivität, Nachhaltigkeit und wirtschaftliche Entwicklung in den Vordergrund stellen. Binden Sie Gemeindemitglieder ein, fördern Sie Partnerschaften und setzen Sie partizipative Entscheidungsprozesse ein, um die Entwicklungsbemühungen der Gemeinschaft zu verbessern.

Nutzung der Entscheidungsfindung im Bereich Fernunterricht und -bildung

Entscheidungen über Fernunterricht und -bildung werden angesichts globaler Herausforderungen immer wichtiger. Bewerten Sie die technologische Infrastruktur, bewerten Sie pädagogische Ansätze und treffen Sie Entscheidungen, die die Fernlernerfahrung der Schüler optimieren. Berücksichtigen Sie die Zugänglichkeit, das Engagement der Schüler und Unterstützungsdienste, um einen gerechten und effektiven Fernunterricht durch fundierte Entscheidungsfindung zu gewährleisten.

Entscheidungsfindung im Cybersecurity-Risikomanagement

Entscheidungen zum Risikomanagement im Bereich der Cybersicherheit sind entscheidend für den Schutz digitaler Vermögenswerte und die Minderung von Cyberbedrohungen. Bewerten Sie potenzielle Schwachstellen, bewerten Sie Sicherheitsmaßnahmen und treffen Sie Entscheidungen, die Datenschutz, Bedrohungserkennung und Reaktion auf Vorfälle priorisieren. Bleiben Sie über neue Bedrohungen auf dem Laufenden, tauschen Sie sich mit Cybersicherheitsexperten aus und treffen Sie proaktive Entscheidungen, um digitale Umgebungen zu schützen.

Anwendung der Entscheidungsfindung in der Social Media Governance

Social Media Governance Entscheidungen beinhalten die Festlegung von Richtlinien und Richtlinien, um eine verantwortungsvolle und ethische Nutzung sozialer Medien in Unternehmen zu gewährleisten. Bewerten Sie Risiken, bewerten Sie Content-Strategien und treffen Sie Entscheidungen, die mit den Werten des Unternehmens, den gesetzlichen Anforderungen und den Zielen der Benutzerbindung übereinstimmen. Schulen Sie Mitarbeiter, überwachen Sie Social-Media-Aktivitäten und passen Sie Entscheidungen an, um eine positive Online-Reputation aufrechtzuerhalten.

Entscheidungsfindung bei der Planung der Katastrophenresilienz

Planungsentscheidungen zur Katastrophenresilienz zielen darauf ab, die Widerstandsfähigkeit und Vorsorge der Gemeinden angesichts von Naturkatastrophen oder vom Menschen verursachten Katastrophen zu verbessern. Bewerten Sie Gefahrenbewertungen, bewerten Sie Schwachstellen in der Infrastruktur und treffen Sie Entscheidungen, die Resilienzmaßnahmen, Frühwarnsysteme und das Engagement der Gemeinschaft priorisieren. Arbeiten Sie mit Katastrophenschutzbehörden zusammen, arbeiten Sie mit Interessengruppen zusammen und setzen Sie evidenzbasierte Entscheidungen bei der Planung der Katastrophenresilienz ein.

Die Rolle der Entscheidungsfindung im nachhaltigen Tourismus

Nachhaltige Tourismusentscheidungen fördern verantwortungsvolle Reisepraktiken, die die Umweltbelastung minimieren und die lokalen Gemeinschaften unterstützen. Bewerten Sie die Nachhaltigkeit von Reisezielen, bewerten Sie Tourismusentwicklungspläne und treffen Sie Entscheidungen, die dem Erhalt der Kultur, dem Umweltschutz und der Stärkung der Gemeinschaft Priorität einräumen. Engagieren Sie sich mit lokalen Interessengruppen, führen Sie Zertifizierungen für nachhaltigen Tourismus ein und wenden Sie nachhaltige Entscheidungspraktiken an, um positive Veränderungen in der Tourismusbranche voranzutreiben.

Nutzung der Entscheidungsfindung im Customer Experience Management

Entscheidungen im Customer Experience Management sind entscheidend, um positive Interaktionen zu schaffen und die Loyalität zu fördern. Bewerten Sie Kundenfeedback, bewerten Sie Touchpoints und treffen Sie Entscheidungen, die personalisierte Erlebnisse, Komfort und Kundenzufriedenheit in den Vordergrund stellen. Implementieren Sie kundenorientierte Strategien, nutzen Sie Technologie und überwachen und passen Sie Entscheidungen kontinuierlich an, um das gesamte Kundenerlebnis zu verbessern.

Entscheidungsfindung in der Katastrophenvorsorge

Entscheidungen zur Katastrophenvorsorge konzentrieren sich auf die Minimierung der Auswirkungen von Naturkatastrophen und vom Menschen verursachten Katastrophen. Bewerten Sie Schwachstellenbewertungen, bewerten Sie Maßnahmen zur Risikominderung und treffen Sie Entscheidungen, die Prävention, Vorsorge und Resilienz priorisieren. Arbeiten Sie mit Katastrophenschutzbehörden und Interessenvertretern der Gemeinde zusammen und setzen Sie evidenzbasierte Entscheidungsfindung ein, um Katastrophenrisiken effektiv zu mindern.

Anwendung der Entscheidungsfindung in der Unterstützung der psychischen Gesundheit

Entscheidungen zur Unterstützung der psychischen Gesundheit sind entscheidend für die Förderung des Wohlbefindens und die Bereitstellung von Hilfe für Menschen, die mit psychischen Problemen konfrontiert sind. Bewerten Sie die verfügbaren Ressourcen, bewerten Sie Behandlungsoptionen und treffen Sie Entscheidungen, die Zugänglichkeit, Stigmatisierung und ganzheitliche Versorgung in den Vordergrund stellen. Arbeiten Sie mit Fachleuten für psychische Gesundheit und Gemeindeorganisationen zusammen und setzen Sie einfühlsame Entscheidungen ein, um die Bedürfnisse der psychischen Gesundheit effektiv zu unterstützen.

Entscheidungsfindung in der internationalen Entwicklungshilfe

Die Beschlüsse der internationalen Entwicklungshilfe zielen darauf ab, Armut, Ungleichheit und soziale Herausforderungen in Entwicklungsländern anzugehen. Bewerten Sie Entwicklungsziele, bewerten Sie lokale Bedürfnisse und treffen Sie Entscheidungen, die nachhaltige Entwicklung, Kapazitätsaufbau und soziale Stärkung in den Vordergrund stellen. Arbeiten Sie mit lokalen Interessengruppen und internationalen Organisationen zusammen und setzen Sie partizipative Entscheidungsfindung ein, um positive Veränderungen in den internationalen Entwicklungsbemühungen voranzutreiben.

Die Rolle der Entscheidungsfindung in der Technikethik

Technologieethische Entscheidungen beinhalten die Berücksichtigung der ethischen Implikationen neuer Technologien. Bewerten Sie potenzielle Risiken, bewerten Sie die gesellschaftlichen Auswirkungen und treffen Sie Entscheidungen, die ethische Nutzung, Datenschutz und menschliches Wohlergehen in den Vordergrund stellen. Beteiligen Sie sich am öffentlichen Diskurs, setzen Sie sich für verantwortungsvolle Technologiepraktiken ein und setzen Sie ethische Entscheidungsrahmen ein, um die ethischen Herausforderungen der sich entwickelnden Technologien zu bewältigen.

Nutzung der Entscheidungsfindung bei der Transformation der Unternehmenskultur

Entscheidungen zur Transformation der Unternehmenskultur treiben positive Veränderungen innerhalb von Unternehmen voran, indem sie Werte, Normen und Verhaltensweisen neu gestalten. Bewerten Sie die bestehende Kultur, bewerten Sie die gewünschten kulturellen Attribute und treffen Sie Entscheidungen, die Inklusivität, Innovation und das Wohlbefinden der Mitarbeiter in den Vordergrund stellen. Binden Sie Mitarbeiter ein, fördern Sie das Engagement von Führungskräften und setzen Sie transformative Entscheidungsfindung ein, um eine florierende Unternehmenskultur zu schaffen.

Entscheidungsfindung in der persönlichen Konfliktlösung

Persönliche Konfliktlösungsentscheidungen
zielen darauf ab, zwischenmenschliche Konflikte
anzugehen und friedliche Lösungen zu fördern.
Bewerten Sie die Ursachen von Konflikten, bewerten
Sie die Kommunikationsdynamik und treffen Sie
Entscheidungen, die aktives Zuhören, Empathie und
konstruktiven Dialog in den Vordergrund stellen.
Nehmen Sie Konflikte als Chance für Wachstum an und
setzen Sie einfühlsame Entscheidungsfindung ein, um
Konflikte effektiv zu lösen.

Nachhaltige Entscheidungsfindung anwenden

Nachhaltige Modeentscheidungen zielen darauf ab, die ökologischen und sozialen Auswirkungen der Modeindustrie zu reduzieren. Bewerten Sie die Praktiken der Lieferkette, die Materialbeschaffung und treffen Sie Entscheidungen, die ethische Herstellung, zirkuläre Mode und bewussten Konsum in den Vordergrund stellen. Arbeiten Sie mit nachhaltigen Modeorganisationen zusammen, führen Sie nachhaltige Zertifizierungen ein und treffen Sie verantwortungsvolle Entscheidungen, um positive Veränderungen in der Modebranche voranzutreiben.

Entscheidungsfindung in Bezug auf Vielfalt und Inklusion am Arbeitsplatz

Entscheidungen über Vielfalt und Inklusion am Arbeitsplatz fördern ein gleichberechtigtes und integratives Arbeitsumfeld. Bewerten Sie die organisatorische Vielfalt, bewerten Sie integrative Richtlinien und Praktiken und treffen Sie Entscheidungen, die der Rekrutierung von Vielfalt, der Chancengleichheit und der vielfältigen Vertretung von Führungskräften Priorität einräumen. Fördern Sie eine integrative Kultur, beteiligen Sie sich an Schulungen zu unbewussten Vorurteilen und setzen Sie eine integrative Entscheidungsfindung ein, um einen vielfältigen und integrativen Arbeitsplatz zu schaffen.

Die Rolle der Entscheidungsfindung für persönliches Wachstum und Entwicklung

Persönliches Wachstum und Entwicklung erfordern bewusste Entscheidungen, um Selbstverbesserung und lebenslanges Lernen zu fördern. Denken Sie über persönliche Stärken und Schwächen nach, bewerten Sie Wachstumschancen und treffen Sie Entscheidungen, die mit Ihren persönlichen Werten und Zielen übereinstimmen. Nehmen Sie Herausforderungen an, holen Sie Feedback ein und treffen Sie bewusste Entscheidungen, um kontinuierlich zu wachsen und sich als Individuum weiterzuentwickeln.

Nutzung der Entscheidungsfindung im sozialen Unternehmertum

Entscheidungen im Bereich des sozialen Unternehmertums treiben innovative Lösungen für soziale und ökologische Herausforderungen voran. Bewerten Sie Möglichkeiten für soziale Auswirkungen, bewerten Sie die Rentabilität von Unternehmen und treffen Sie Entscheidungen, die positive Veränderungen und Nachhaltigkeit in den Vordergrund stellen. Engagieren Sie sich mit Gemeinden und Interessengruppen und setzen Sie kreative Entscheidungsfindung ein, um wirkungsvolle und finanziell nachhaltige Sozialunternehmen zu schaffen.

Entscheidungsfindung bei der Ressourcenallokation in Krisensituationen

In Krisenzeiten sind Entscheidungen über die Ressourcenzuweisung von entscheidender Bedeutung, um dringende Bedürfnisse effizient zu decken. Bewerten Sie die verfügbaren Ressourcen, die Nachfrage und treffen Sie Entscheidungen, die eine gerechte Verteilung und maximale Wirkung priorisieren. Setzen Sie evidenzbasierte Entscheidungsfindung ein, arbeiten Sie mit humanitären Organisationen zusammen und passen Sie Entscheidungen auf der Grundlage von Echtzeitbewertungen an, um die Ressourcenzuweisung zu optimieren.

Anwendung der Entscheidungsfindung in der Gesundheitspolitik

Gesundheitspolitische Entscheidungen spielen eine wichtige Rolle bei der Gestaltung der Gesundheitssysteme und der Verbesserung der Ergebnisse im Bereich der öffentlichen Gesundheit. Werten Sie Gesundheitsdaten aus, bewerten Sie politische Optionen und treffen Sie Entscheidungen, die gleichberechtigten Zugang, Erschwinglichkeit und Qualität der Versorgung in den Vordergrund stellen. Tauschen Sie sich mit Angehörigen der Gesundheitsberufe und politischen Entscheidungsträgern aus und nutzen Sie eine evidenzbasierte Entscheidungsfindung, um eine wirksame Gesundheitspolitik zu entwickeln.

Entscheidungsfindung in der interkulturellen Kommunikation

Interkulturelle Kommunikationsentscheidungen zielen darauf ab, das Verständnis und die effektive Kommunikation über verschiedene kulturelle Kontexte hinweg zu fördern. Bewerten Sie kulturelle Normen, bewerten Sie Kommunikationsstile und treffen Sie Entscheidungen, die kulturelle Sensibilität, Respekt und Inklusivität in den Vordergrund stellen. Begrüßen Sie interkulturelles Lernen, üben Sie aktives Zuhören und setzen Sie einfühlsame Entscheidungsfindung ein, um kulturelle Unterschiede zu überbrücken.

Die Rolle der Entscheidungsfindung in einer nachhaltigen Landwirtschaft

Entscheidungen zur nachhaltigen Landwirtschaft konzentrieren sich auf die Förderung umweltfreundlicher und sozial verantwortlicher landwirtschaftlicher Praktiken. Bewerten Sie die Landnutzung, bewerten Sie landwirtschaftliche Methoden und treffen Sie Entscheidungen, die der Bodengesundheit, der biologischen Vielfalt und der Ernährungssicherheit Priorität einräumen. Setzen Sie auf ökologischen Landbau, regenerative Landwirtschaft und nachhaltige Entscheidungsfindung, um ein widerstandsfähiges und nachhaltiges Lebensmittelsystem zu gewährleisten.

Nutzung der Entscheidungsfindung in der digitalen Barrierefreiheit

Entscheidungen zur digitalen Barrierefreiheit zielen darauf ab, einen inklusiven Zugang zu digitalen Plattformen und Technologien für Menschen mit Behinderungen zu gewährleisten. Bewerten Sie Richtlinien zur Barrierefreiheit, bewerten Sie die Benutzerbedürfnisse und treffen Sie Entscheidungen, die barrierefreies Design, unterstützende Technologien und gleiche digitale Chancen priorisieren. Tauschen Sie sich mit Experten für Barrierefreiheit aus, führen Sie Benutzertests durch und setzen Sie eine integrative Entscheidungsfindung ein, um digital integrative Umgebungen zu schaffen.

Entscheidungsfindung in Innovationsökosystemen

Entscheidungen im Innovationsökosystem fördern
die Zusammenarbeit und Innovation innerhalb
eines Netzwerks von Organisationen, Start-ups und
Institutionen. Bewerten Sie Partnerschaftsmöglichkeiten,
bewerten Sie Plattformen für den Wissensaustausch
und treffen Sie Entscheidungen, die Zusammenarbeit,
Wissensaustausch und technologischen Fortschritt
fördern. Engagieren Sie sich in Innovationszentren,
unterstützen Sie Start-up-Initiativen und nutzen Sie
die kollaborative Entscheidungsfindung, um lebendige
Innovationsökosysteme zu fördern.

Anwendung der Entscheidungsfindung in der Umweltbildung

Entscheidungen zur Umweltbildung zielen darauf ab, das Bewusstsein und das Verständnis für Umweltfragen zu fördern. Bewerten Sie Bildungsansätze, bewerten Sie die Lehrplangestaltung und treffen Sie Entscheidungen, die erfahrungsorientiertes Lernen, Nachhaltigkeitskompetenz und aktives Engagement in den Vordergrund stellen. Arbeiten Sie mit Pädagogen zusammen, entwickeln Sie Umweltbildungsprogramme und setzen Sie eine lernerzentrierte Entscheidungsfindung ein, um Einzelpersonen zu befähigen, Umweltschützer zu werden.

Entscheidungsfindung im Remote-Teammanagement

Remote-Teammanagement-Entscheidungen

sind entscheidend, um die Produktivität und Zusammenarbeit in verteilten Arbeitsumgebungen zu fördern. Bewerten Sie Kommunikationstools, bewerten Sie die Teamdynamik und treffen Sie Entscheidungen, die effektive Kommunikation, Teamzusammenhalt und individuelles Wohlbefinden in den Vordergrund stellen. Fördern Sie eine Remote-freundliche Kultur, befähigen Sie Teammitglieder und setzen Sie eine adaptive Entscheidungsfindung ein, um Remote-Teams erfolgreich zu verwalten.

Die Rolle der Entscheidungsfindung in der ethischen Führung

Ethische Führungsentscheidungen prägen ethisches Verhalten und Werte in Organisationen. Bewerten Sie ethische Dilemmata, bewerten Sie moralische Prinzipien und treffen Sie Entscheidungen, die Integrität, Fairness und ethische Entscheidungsfindung in den Vordergrund stellen. Gehen Sie mit gutem Beispiel voran, fördern Sie ethische Kulturen und setzen Sie ethische Entscheidungsrahmen ein, um ethisches Verhalten zu inspirieren und den Unternehmenserfolg zu steuern.

Nutzung der Entscheidungsfindung bei der Energiewende

Entscheidungen über die Energiewende spielen eine entscheidende Rolle bei der Bekämpfung des Klimawandels und der Förderung nachhaltiger Energiequellen. Bewerten Sie Optionen für erneuerbare Energien, bewerten Sie Machbarkeitsstudien und treffen Sie Entscheidungen, die saubere Energieerzeugung, Energieeffizienz und Kohlenstoffreduzierung priorisieren. Tauschen Sie sich mit Experten für erneuerbare Energien aus, arbeiten Sie mit Stakeholdern zusammen und nutzen Sie strategische Entscheidungen, um eine erfolgreiche Umstellung auf erneuerbare Energien voranzutreiben.

Entscheidungsfindung im ethischen Supply Chain Management

Ethische Entscheidungen im Lieferkettenmanagement zielen darauf ab, eine verantwortungsvolle Beschaffung, faire Arbeitspraktiken und Umweltschutz in der gesamten Lieferkette zu gewährleisten. Bewerten Sie Lieferantenpraktiken, bewerten Sie Nachhaltigkeitszertifizierungen und treffen Sie Entscheidungen, die Transparenz, Menschenrechte und soziale Verantwortung in den Vordergrund stellen. Arbeiten Sie mit Lieferanten zusammen, führen Sie regelmäßige Audits durch und setzen Sie ethische Entscheidungen ein, um ethische und nachhaltige Lieferketten aufzubauen.

Anwendung der Entscheidungsfindung in der urbanen Mobilitätsplanung

Entscheidungen bei der Planung städtischer Mobilität konzentrieren sich auf die Schaffung effizienter, nachhaltiger und integrativer Verkehrssysteme in städtischen Gebieten. Bewerten Sie die Verkehrsinfrastruktur, bewerten Sie Mobilitätsmuster und treffen Sie Entscheidungen, die multimodalen Transport, Zugänglichkeit und reduzierte Emissionen priorisieren. Arbeiten Sie mit Stadtplanern und Verkehrsexperten zusammen und nutzen Sie datengestützte Entscheidungsfindung, um effektive städtische Mobilitätspläne zu entwickeln.

Entscheidungsfindung im persönlichen Zeitmanagement

Persönliche Zeitmanagement-Entscheidungen sind für den Einzelnen entscheidend, um seine Produktivität und Work-Life-Balance zu optimieren. Bewerten Sie Aufgaben und Prioritäten, bewerten Sie den Zeitaufwand und treffen Sie Entscheidungen, die Zielerreichung, Selbstfürsorge und persönliches Wohlbefinden in den Vordergrund stellen. Entwickeln Sie Zeitmanagementstrategien, nutzen Sie Produktivitätstools und setzen Sie Selbstdisziplin ein, um die Zeit so effektiv wie möglich zu nutzen.

Die Rolle der Entscheidungsfindung bei der Planung von Green Buildings

Entscheidungen bei der Gestaltung umweltfreundlicher Gebäude konzentrieren sich auf die Schaffung umweltfreundlicher und energieeffizienter Gebäude. Bewerten Sie nachhaltige Designprinzipien, bewerten Sie Zertifizierungen für umweltfreundliches Bauen und treffen Sie Entscheidungen, die Energieeinsparung, Raumluftqualität und nachhaltige Materialien in den Vordergrund stellen. Arbeiten Sie mit Architekten und Ingenieuren zusammen und treffen Sie nachhaltige Entscheidungen, um umweltfreundliche und nachhaltige Gebäude zu schaffen.

Nutzung der Entscheidungsfindung im internationalen Handel und in der Globalisierung

Internationale Handels- und Globalisierungsentscheidungen prägen das Wirtschaftswachstum, die internationalen Beziehungen und die Marktintegration. Bewerten Sie Handelsabkommen, bewerten Sie Marktchancen und treffen Sie Entscheidungen, die fairen Handel, nachhaltige Entwicklung und integratives Wachstum in den Vordergrund stellen. Tauschen Sie sich mit Handelsexperten aus, arbeiten Sie mit globalen Partnern zusammen und nutzen Sie strategische Entscheidungen, um die Komplexität des internationalen Handels und der Globalisierung zu bewältigen.

Entscheidungsfindung bei persönlichen Geldanlagen

Persönliche Finanzanlageentscheidungen sind entscheidend für langfristiges finanzielles Wachstum und Sicherheit. Bewerten Sie Anlageoptionen, bewerten Sie die Risikotoleranz und treffen Sie Entscheidungen, die mit finanziellen Zielen und Werten übereinstimmen. Führen Sie gründliche Recherchen durch, holen Sie professionellen Rat ein und treffen Sie fundierte Entscheidungen, um ein diversifiziertes und erfolgreiches Anlageportfolio aufzubauen.

Anwendung der Entscheidungsfindung bei Innovationen im Gesundheitswesen

Innovationsentscheidungen im Gesundheitswesen treiben Fortschritte in der Medizintechnik, der Patientenversorgung und der Gesundheitsversorgung voran. Bewerten Sie innovative Lösungen, bewerten Sie die Bedürfnisse der Patienten und treffen Sie Entscheidungen, die Patientensicherheit, Kosteneffizienz und verbesserte Gesundheitsergebnisse in den Vordergrund stellen. Tauschen Sie sich mit Fachleuten aus dem Gesundheitswesen aus, arbeiten Sie mit Innovatoren zusammen und nutzen Sie evidenzbasierte Entscheidungsfindung, um Innovationen im Gesundheitswesen zu fördern.

Entscheidungsfindung im Übergang zur Kreislaufwirtschaft

Entscheidungen über den Übergang zur Kreislaufwirtschaft zielen darauf ab, die Ressourceneffizienz zu fördern und Abfälle in Wirtschaftssystemen zu reduzieren. Bewerten Sie den Produktlebenszyklus, bewerten Sie Recycling- und Wiederverwendungsmöglichkeiten und treffen Sie Entscheidungen, die Produktdesign, Abfallreduzierung und geschlossene Kreisläufe priorisieren. Tauschen Sie sich mit Nachhaltigkeitsexperten aus, arbeiten Sie mit Stakeholdern zusammen und nutzen Sie die zirkuläre Entscheidungsfindung, um den Übergang zu einer nachhaltigeren Kreislaufwirtschaft zu vollziehen.

Die Rolle der Entscheidungsfindung in zwischenmenschlichen Beziehungen

Zwischenmenschliche Beziehungsentscheidungen prägen die Dynamik und Qualität der Beziehungen zu anderen. Bewerten Sie Kommunikationsstile, bewerten Sie persönliche Grenzen und treffen Sie Entscheidungen, die Empathie, Vertrauen und effektive Kommunikation in den Vordergrund stellen. Fördern Sie aktives Zuhören, nehmen Sie emotionale Intelligenz an und setzen Sie eine respektvolle Entscheidungsfindung ein, um gesunde und sinnvolle zwischenmenschliche Beziehungen zu pflegen.

Nutzung der Entscheidungsfindung im Bereich Social Impact Investing

Social Impact Investing Entscheidungen zielen darauf ab, sowohl finanzielle Renditen als auch positive soziale oder ökologische Auswirkungen zu erzielen. Bewerten Sie Investitionsmöglichkeiten, bewerten Sie die Rahmenbedingungen für die Wirkungsmessung und treffen Sie Entscheidungen, die mit sozialen und ökologischen Zielen übereinstimmen. Arbeiten Sie mit Impact-Investing-Organisationen zusammen, führen Sie Due-Diligence-Prüfungen durch und setzen Sie wirkungsorientierte Entscheidungen ein, um nachhaltige und sozial verantwortliche Anlagepraktiken zu fördern.

Entscheidungsfindung in der Cybersecurity-Governance

Entscheidungen zur Cybersicherheits-Governance konzentrieren sich auf die Festlegung von Richtlinien und Praktiken zum Schutz digitaler Vermögenswerte und Informationssysteme. Bewerten Sie Cybersicherheits-Frameworks, bewerten Sie Risikomanagementstrategien und treffen Sie Entscheidungen, die Datenschutz, Reaktion auf Vorfälle und die Einhaltung gesetzlicher Vorschriften priorisieren. Tauschen Sie sich mit Cybersicherheitsexperten aus, führen Sie regelmäßige Audits durch und treffen Sie proaktive Entscheidungen, um eine robuste Cybersecurity-Governance zu gewährleisten.

Anwenden der Entscheidungsfindung in der Notfallwiederherstellung und beim Wiederaufbau

Entscheidungen über die Wiederherstellung und den Wiederaufbau von Katastrophen spielen eine entscheidende Rolle beim Wiederaufbau von Gemeinden nach einer Katastrophe. Bewerten Sie Schäden an der Infrastruktur, bewerten Sie die Bedürfnisse der Gemeinschaft und treffen Sie Entscheidungen, die eine widerstandsfähige Infrastruktur, das Engagement der Gemeinschaft und soziale Gerechtigkeit in den Vordergrund stellen. Arbeiten Sie mit Katastrophenschutzbehörden zusammen, beziehen Sie Gemeindemitglieder ein und setzen Sie eine integrative Entscheidungsfindung ein, um effektive Wiederherstellungs- und Wiederaufbaubemühungen zu erleichtern.

Entscheidungsfindung für persönliche Gesundheit und Wohlbefinden

Persönliche Gesundheits- und Wellnessentscheidungen sind entscheidend für die Aufrechterhaltung eines ausgewogenen und gesunden Lebensstils. Bewerten Sie Lebensstilentscheidungen, Ernährungs- und Bewegungsgewohnheiten und treffen Sie Entscheidungen, die das körperliche und geistige Wohlbefinden in den Vordergrund stellen. Setzen Sie auf Vorsorge, üben Sie Achtsamkeit und setzen Sie Entscheidungen zur Selbstfürsorge ein, um die persönliche Gesundheit und das Wohlbefinden zu fördern.

Die Rolle der Entscheidungsfindung in der Innovationsführerschaft

Entscheidungen zur Innovationsführung fördern eine Innovationskultur in Unternehmen. Bewerten Sie Markttrends, bewerten Sie technologische Fortschritte und treffen Sie Entscheidungen, die Kreativität, Zusammenarbeit und Risikobereitschaft in den Vordergrund stellen. Fördern Sie ein unterstützendes Umfeld, fördern Sie die Ideenfindung und setzen Sie visionäre Entscheidungen ein, um Innovationen zu inspirieren und das Unternehmenswachstum voranzutreiben.

Nutzung der Entscheidungsfindung bei der Umweltverträglichkeitsprüfung

Entscheidungen über die Umweltverträglichkeitsprüfung sind von entscheidender Bedeutung für die Bewertung der potenziellen Umweltauswirkungen von Entwicklungsprojekten. Bewerten Sie Projektpläne, bewerten Sie ökologische Auswirkungen und treffen Sie Entscheidungen, die Umweltschutz, Nachhaltigkeit und soziale Verantwortung in den Vordergrund stellen. Arbeiten Sie mit Umweltexperten zusammen, beziehen Sie lokale Gemeinschaften ein und treffen Sie fundierte Entscheidungen, um negative Umweltauswirkungen zu minimieren.

Entscheidungsfindung im Team
Diversität und Inklusion

Entscheidungen über Vielfalt und Inklusion im Team zielen darauf ab, ein vielfältiges und integratives Arbeitsumfeld zu schaffen, das Innovation und Zusammenarbeit fördert. Bewerten Sie die Teamzusammensetzung, bewerten Sie Inklusionspraktiken und treffen Sie Entscheidungen, die Vielfalt, Rekrutierung, Chancengleichheit und integrative Teamdynamik in den Vordergrund stellen. Fördern Sie eine Kultur der Zugehörigkeit, die unterschiedliche Perspektiven annimmt und eine integrative Entscheidungsfindung einsetzt, um die Vorteile der Teamvielfalt zu nutzen.

Anwendung der Entscheidungsfindung in der Krisenkommunikation und im Reputationsmanagement

Entscheidungen in der Krisenkommunikation und im Reputationsmanagement sind entscheidend für die Aufrechterhaltung des Vertrauens und die Steuerung der öffentlichen Wahrnehmung in herausfordernden Zeiten. Bewerten Sie Krisenszenarien, bewerten Sie die Bedenken der Stakeholder und treffen Sie Entscheidungen, die Transparenz, Empathie und zeitnahe Kommunikation in den Vordergrund stellen. Entwickeln Sie Krisenkommunikationspläne, arbeiten Sie mit Stakeholdern zusammen und setzen Sie strategische Entscheidungen ein, um den Ruf des Unternehmens zu schützen und zu verbessern.

Entscheidungsfindung in der nachhaltigen Tourismusentwicklung

Entscheidungen zur nachhaltigen Tourismusentwicklung konzentrieren sich auf die Förderung von Tourismuspraktiken, die die Umweltbelastung minimieren und den lokalen Gemeinschaften zugute kommen. Bewerten Sie Tourismusentwicklungspläne, bewerten Sie Strategien zur Erhaltung der Kultur und treffen Sie Entscheidungen, die nachhaltigen Tourismuspraktiken, dem Engagement der Gemeinschaft und verantwortungsbewusstem Reisen Vorrang einräumen. Engagieren Sie sich mit Tourismusakteuren, führen Sie Zertifizierungen für nachhaltigen Tourismus ein und setzen Sie nachhaltige Entscheidungen ein, um eine nachhaltige Tourismusentwicklung zu fördern.

Die Rolle der Entscheidungsfindung beim Aufbau persönlicher Beziehungen

Entscheidungen zum Aufbau persönlicher Beziehungen spielen eine wichtige Rolle beim Aufbau und der Pflege sinnvoller Verbindungen zu anderen. Bewerten Sie persönliche Werte, bewerten Sie den Kommunikationsstil und treffen Sie Entscheidungen, bei denen Authentizität, Empathie und aktives Zuhören im Vordergrund stehen. Pflegen Sie Vertrauen, fördern Sie einen offenen Dialog und setzen Sie eine beziehungsorientierte Entscheidungsfindung ein, um gesunde und erfüllende persönliche Beziehungen aufzubauen und zu pflegen.

Nutzung der Entscheidungsfindung in der agilen Führung

Agile Führungsentscheidungen sind unerlässlich, um sich in einem sich schnell verändernden Geschäftsumfeld zurechtzufinden und die Anpassungsfähigkeit zu fördern. Bewerten Sie Markttrends, bewerten Sie die organisatorischen Fähigkeiten und treffen Sie Entscheidungen, die Flexibilität, Zusammenarbeit und kontinuierliche Verbesserung in den Vordergrund stellen. Stärken Sie Teams, setzen Sie auf iterative Entscheidungsfindung und fördern Sie eine Kultur der Agilität, um den Unternehmenserfolg zu fördern.

Entscheidungsfindung in Krisensituationen Unterstützung der psychischen Gesundheit

Entscheidungen zur Unterstützung der psychischen Gesundheit in Krisen konzentrieren sich auf die Bereitstellung von Soforthilfe und Intervention in psychischen Krisen. Bewerten Sie Kriseninterventionsstrategien, bewerten Sie die verfügbaren Ressourcen und treffen Sie Entscheidungen, die Empathie, Sicherheit und effektive Kommunikation in den Vordergrund stellen. Arbeiten Sie mit Fachleuten für psychische Gesundheit zusammen, nehmen Sie an Schulungen zur Krisenreaktion teil und setzen Sie mitfühlende Entscheidungen ein, um Menschen in Krisen zu unterstützen.

Anwendung der Entscheidungsfindung in der Menschenrechtsarbeit

Menschenrechtsentscheidungen zielen darauf ab, die grundlegenden Menschenrechte und die Menschenwürde zu fördern und zu schützen. Bewerten Sie Menschenrechtsfragen, bewerten Sie Advocacy-Strategien und treffen Sie Entscheidungen, die Inklusivität, Gleichberechtigung und soziale Gerechtigkeit in den Vordergrund stellen. Engagieren Sie sich mit Menschenrechtsorganisationen, arbeiten Sie mit betroffenen Gemeinschaften zusammen und setzen Sie strategische Entscheidungen ein, um wirkungsvolle Menschenrechtsarbeit zu leisten.

Entscheidungsfindung bei der Entwicklung persönlicher Fähigkeiten

Entscheidungen zur Entwicklung persönlicher Fähigkeiten sind entscheidend für kontinuierliches Lernen und berufliches Wachstum. Bewerten Sie Qualifikationslücken, bewerten Sie Lernmöglichkeiten und treffen Sie Entscheidungen, die dem Erwerb, der Praxis und der Beherrschung von Fähigkeiten Priorität einräumen. Setzen Sie auf lebenslanges Lernen, suchen Sie Mentoring und treffen Sie bewusste Entscheidungen, um Ihre persönlichen Fähigkeiten und Kompetenzen zu verbessern.

Die Rolle der Entscheidungsfindung bei der Beeinflussung sozialer Medien

Die Beeinflussung von Entscheidungen in den sozialen Medien umfasst den Aufbau einer persönlichen Marke und die Einbindung des Publikums auf Social-Media-Plattformen. Bewerten Sie die Präferenzen der Zielgruppe, bewerten Sie Content-Strategien und treffen Sie Entscheidungen, die Authentizität, Wertschöpfung und verantwortungsvolle Beeinflussung in den Vordergrund stellen. Interagieren Sie mit Followern, analysieren Sie Social-Media-Analysen und nutzen Sie strategische Entscheidungen, um ein wirkungsvoller Social-Media-Influencer zu werden.

Nutzung der Entscheidungsfindung im Projektportfoliomanagement

Entscheidungen im Projektportfoliomanagement konzentrieren sich darauf, Projektinvestitionen mit den Unternehmenszielen in Einklang zu bringen und die Rendite zu maximieren. Bewerten Sie Projektportfolios, bewerten Sie die Ressourcenzuweisung und treffen Sie Entscheidungen, die die Projektauswahl, das Risikomanagement und die strategische Ausrichtung priorisieren. Setzen Sie Portfolioanalysetechniken ein, interagieren Sie mit Stakeholdern und setzen Sie datengesteuerte Entscheidungsfindung ein, um die Leistung des Projektportfolios zu optimieren.

Entscheidungsfindung in Bezug auf gesellschaftliches Engagement und Empowerment

Entscheidungen über das Engagement und die Stärkung der Gemeinschaft zielen darauf ab, eine partizipative Entscheidungsfindung zu fördern und den Stimmen der Gemeinschaft Gehör zu verschaffen. Bewerten Sie die Bedürfnisse der Community, bewerten Sie Engagement-Strategien und treffen Sie Entscheidungen, die Inklusivität, Zusammenarbeit und den Aufbau von Community-Kapazitäten in den Vordergrund stellen. Begrüßen Sie gemeinschaftsgeführte Initiativen, beziehen Sie verschiedene Interessengruppen ein und setzen Sie demokratische Entscheidungsprozesse ein, um Gemeinschaften zu stärken.

Anwendung der Entscheidungsfindung in der Nonprofit-Governance

Governance-Entscheidungen für gemeinnützige Organisationen konzentrieren sich auf die Gewährleistung von Rechenschaftspflicht, Transparenz und effektivem Management innerhalb gemeinnütziger Organisationen. Bewerten Sie Governance-Strukturen, bewerten Sie die Einhaltung von Vorschriften und treffen Sie Entscheidungen, die ethisches Verhalten, die Ausrichtung der Mission und das Engagement der Stakeholder in den Vordergrund stellen. Tauschen Sie sich mit Experten für die Verwaltung gemeinnütziger Organisationen aus, übernehmen Sie Best Practices und setzen Sie strategische Entscheidungen ein, um die Governance von gemeinnützigen Organisationen zu stärken.

Entscheidungsfindung in der Governance der digitalen Transformation

Governance-Entscheidungen zur digitalen Transformation sind entscheidend für die Überwachung und Verwaltung digitaler Initiativen in Unternehmen. Bewerten Sie Strategien für die digitale Transformation, bewerten Sie Risiken und Chancen und treffen Sie Entscheidungen, die der digitalen Ethik, dem Datenschutz und der Entwicklung digitaler Fähigkeiten Priorität einräumen. Tauschen Sie sich mit Experten für digitale Transformation aus, arbeiten Sie mit Stakeholdern zusammen und setzen Sie eine effektive Entscheidungsfindung ein, um erfolgreiche Initiativen zur digitalen Transformation voranzutreiben.

Die Rolle der Entscheidungsfindung in der Planung nachhaltiger Entwicklung

Planungsentscheidungen für nachhaltige Entwicklung zielen darauf ab, wirtschaftliche, soziale und ökologische Erwägungen für langfristigen Wohlstand in Einklang zu bringen. Bewerten Sie Entwicklungsziele, bewerten Sie Umweltverträglichkeitsprüfungen und treffen Sie Entscheidungen, die nachhaltiges Ressourcenmanagement, soziale Gerechtigkeit und widerstandsfähige Infrastruktur in den Vordergrund stellen. Tauschen Sie sich mit Experten für nachhaltige Entwicklung aus, beziehen Sie lokale Gemeinschaften ein und nutzen Sie eine integrierte Entscheidungsfindung, um die Planung einer nachhaltigen Entwicklung voranzutreiben.

Nutzung der Entscheidungsfindung in der ethischen KI-Entwicklung

Ethische KI-Entwicklungsentscheidungen konzentrieren sich auf die Gewährleistung eines verantwortungsvollen und unvoreingenommenen Umgangs mit Technologien der künstlichen Intelligenz. Bewerten Sie KI-Algorithmen, bewerten Sie potenzielle Verzerrungen und treffen Sie Entscheidungen, die Fairness, Transparenz und Rechenschaftspflicht in den Vordergrund stellen. Arbeiten Sie mit KI-Ethikexperten zusammen, führen Sie ethische Überprüfungen durch und wenden Sie ethische Entscheidungsrahmen an, um KI-Systeme zu entwickeln, die der Gesellschaft zugute kommen.

Entscheidungsfindung in der Katastrophenvorsorge

Planungsentscheidungen für die Katastrophenvorsorge sind entscheidend, um die Auswirkungen potenzieller Katastrophen proaktiv abzumildern. Bewerten Sie potenzielle Risiken, bewerten Sie Bereitschaftsmaßnahmen und treffen Sie Entscheidungen, die Frühwarnsystemen, Notfallprotokollen und der Aufklärung der Bevölkerung Priorität einräumen. Arbeiten Sie mit Katastrophenschutzbehörden zusammen, arbeiten Sie mit lokalen Gemeinschaften zusammen und setzen Sie evidenzbasierte Entscheidungen ein, um die Katastrophenvorsorge zu verbessern.

Anwendung der Entscheidungsfindung in der Notfallreaktion im Bereich der öffentlichen Gesundheit

Entscheidungen über Notfälle im Bereich der öffentlichen Gesundheit zielen darauf ab, die öffentliche Gesundheit zu schützen und die Ausbreitung von Infektionskrankheiten einzudämmen. Bewerten Sie Krankheitsausbrüche, bewerten Sie Interventionen im Bereich der öffentlichen Gesundheit und treffen Sie Entscheidungen, die der rechtzeitigen Kommunikation, der Ressourcenzuweisung und evidenzbasierten Interventionen Priorität einräumen. Arbeiten Sie mit Experten für öffentliche Gesundheit zusammen, arbeiten Sie mit Interessengruppen zusammen und setzen Sie eine agile Entscheidungsfindung ein, um effektiv auf Notfälle im Bereich der öffentlichen Gesundheit zu reagieren.

Entscheidungsfindung in der persönlichen Führungskräfteentwicklung

Persönliche Entscheidungen zur Entwicklung von Führungskräften sind entscheidend für die Verbesserung der Führungsqualitäten und -effektivität. Bewerten Sie die Stärken und Schwächen von Führungskräften, bewerten Sie Entwicklungsmöglichkeiten und treffen Sie Entscheidungen, die Selbstbewusstsein, kontinuierliches Lernen und persönliches Wachstum in den Vordergrund stellen. Nehmen Sie an Führungstrainings teil, suchen Sie Mentoring und setzen Sie eine reflektierte Entscheidungsfindung ein, um starke Führungsqualitäten zu entwickeln.

Die Rolle der Entscheidungsfindung in nachhaltigen Geschäftspraktiken

Entscheidungen zu nachhaltigen Geschäftspraktiken zielen darauf ab, die Umweltbelastung zu minimieren und die soziale Verantwortung innerhalb von Organisationen zu fördern. Bewerten Sie Geschäftsabläufe, bewerten Sie Nachhaltigkeitskennzahlen und treffen Sie Entscheidungen, die Umweltverantwortung, soziale Gerechtigkeit und verantwortungsvolles Lieferkettenmanagement in den Vordergrund stellen. Tauschen Sie sich mit Nachhaltigkeitsexperten aus, führen Sie nachhaltige Zertifizierungen ein und setzen Sie nachhaltige Entscheidungen ein, um positive Veränderungen in den Geschäftspraktiken voranzutreiben.

Nutzung der Entscheidungsfindung im finanziellen Risikomanagement

Entscheidungen zum finanziellen Risikomanagement sind entscheidend für die Minimierung finanzieller Verluste und die Gewährleistung der Stabilität innerhalb von Organisationen. Bewerten Sie finanzielle Risiken, bewerten Sie die Risikotoleranz und treffen Sie Entscheidungen, die der Risikominderung, der finanziellen Widerstandsfähigkeit und der Einhaltung gesetzlicher Vorschriften Priorität einräumen. Arbeiten Sie mit Finanzexperten zusammen, wenden Sie Risikoanalysetechniken an und treffen Sie fundierte Entscheidungen, um finanzielle Risiken effektiv zu managen.

Entscheidungsfindung bei der Formulierung der öffentlichen Politik

Entscheidungen über die Formulierung der öffentlichen Politik prägen die Regierungspolitik und -vorschriften, die sich auf die Gesellschaft auswirken. Bewerten Sie politische Optionen, bewerten Sie die Perspektiven der Interessengruppen und treffen Sie Entscheidungen, die dem öffentlichen Interesse, der sozialen Gerechtigkeit und der evidenzbasierten Entscheidungsfindung Priorität einräumen. Tauschen Sie sich mit Politikexperten aus, beraten Sie betroffene Gemeinschaften und nutzen Sie demokratische Entscheidungsprozesse, um effektive öffentliche Maßnahmen zu entwickeln.

Anwendung der Entscheidungsfindung im ethischen Journalismus

Ethische journalistische Entscheidungen konzentrieren sich auf die Aufrechterhaltung journalistischer Integrität, Genauigkeit und verantwortungsvoller Berichterstattung. Bewerten Sie Nachrichtenquellen, bewerten Sie journalistische Standards und treffen Sie Entscheidungen, die Objektivität, Fairness und Rechenschaftspflicht in den Vordergrund stellen. Beteiligen Sie sich an ethischen Diskussionen, halten Sie sich an professionelle Verhaltenskodizes und wenden Sie ethische Entscheidungen an, um die Grundsätze des ethischen Journalismus aufrechtzuerhalten.

Entscheidungsfindung in Konfliktlösung und Mediation

Konfliktlösungs- und Mediationsentscheidungen zielen darauf ab, eine friedliche Lösung zwischenmenschlicher oder organisatorischer Konflikte zu ermöglichen. Bewerten Sie Konfliktdynamiken, bewerten Sie Kommunikationsbarrieren und treffen Sie Entscheidungen, die effektive Kommunikation, aktives Zuhören und Kompromisse in den Vordergrund stellen. Nehmen Sie an Konfliktlösungsschulungen teil, nutzen Sie alternative Streitbeilegungstechniken und wenden Sie eine neutrale Entscheidungsfindung an, um positive Konfliktlösungsergebnisse zu fördern.

Die Rolle der Entscheidungsfindung für das persönliche Wohlbefinden und die Work-Life-Balance

Persönliches Wohlbefinden und Entscheidungen zur Work-Life-Balance sind entscheidend für die Erhaltung der körperlichen, geistigen und emotionalen Gesundheit. Bewerten Sie persönliche Prioritäten, bewerten Sie die Arbeitsanforderungen und treffen Sie Entscheidungen, die der Selbstfürsorge, dem Setzen von Grenzen und der Integration von Beruf und Privatleben Priorität einräumen. Nehmen Sie Selbstreflexion an, üben Sie Stressbewältigungstechniken und setzen Sie bewusste Entscheidungen ein, um das persönliche Wohlbefinden zu fördern und eine Work-Life-Balance zu erreichen.

Nutzung der Entscheidungsfindung in der sozialen Innovation

Entscheidungen über soziale Innovationen treiben transformative Lösungen voran, um gesellschaftliche Herausforderungen anzugehen und positive soziale Auswirkungen zu erzielen. Bewerten Sie soziale Aspekte, bewerten Sie innovative Ansätze und treffen Sie Entscheidungen, die Zusammenarbeit, Skalierbarkeit und Nachhaltigkeit in den Vordergrund stellen. Engagieren Sie sich in sozialen Innovationsnetzwerken, beziehen Sie verschiedene Interessengruppen ein und setzen Sie kreative Entscheidungsfindung ein, um soziale Innovationen zu fördern und positive Veränderungen voranzutreiben.

Entscheidungsfindung im Bereich Datenschutz

Entscheidungen zum Datenschutz sind entscheidend für den Schutz personenbezogener Daten und die Einhaltung von Datenschutzbestimmungen. Bewerten Sie Datenverarbeitungspraktiken, bewerten Sie Datenschutzrisiken und treffen Sie Entscheidungen, die Datensicherheit, Transparenz und Benutzereinwilligung priorisieren. Tauschen Sie sich mit Datenschutzexperten aus, implementieren Sie Datenschutzprotokolle und setzen Sie ethische Entscheidungen ein, um die Datenschutzrechte des Einzelnen zu schützen.

Anwendung der Entscheidungsfindung im ethischen Konsumverhalten

Ethische Konsumentscheidungen beinhalten bewusste Kaufentscheidungen, die mit persönlichen Werten übereinstimmen und ethische und nachhaltige Praktiken unterstützen. Bewerten Sie die Herkunft der Produkte, bewerten Sie die Transparenz der Lieferkette und treffen Sie Entscheidungen, die fairen Handel, ökologische Nachhaltigkeit und soziale Verantwortung in den Vordergrund stellen. Beteiligen Sie sich an ethischer Verbraucherforschung, unterstützen Sie ethische Marken und setzen Sie fundierte Entscheidungen ein, um ethischen Konsum zu fördern.

Entscheidungsfindung in der Erhaltung des kulturellen Erbes

Entscheidungen zur Erhaltung des kulturellen Erbes zielen darauf ab, historische und kulturelle Wahrzeichen und Artefakte zu schützen und zu erhalten. Bewerten Sie die kulturelle Bedeutung, bewerten Sie Konservierungsmethoden und treffen Sie Entscheidungen, die der Konservierung, dem öffentlichen Zugang und dem Engagement der Gemeinschaft Priorität einräumen. Arbeiten Sie mit Experten für Kulturerbe zusammen, beziehen Sie lokale Gemeinschaften ein und setzen Sie nachhaltige Entscheidungen ein, um die Erhaltung des kulturellen Erbes für zukünftige Generationen zu gewährleisten.

Die Rolle der Entscheidungsfindung in einer resilienten Führung

Resiliente Führungsentscheidungen konzentrieren sich darauf, Herausforderungen zu meistern, Resilienz zu fördern und anpassungsfähig zu führen. Bewerten Sie situative Anforderungen, bewerten Sie die Teamdynamik und treffen Sie Entscheidungen, die Agilität, emotionale Intelligenz und das Wohlbefinden der Mitarbeiter in den Vordergrund stellen. Fördern Sie eine widerstandsfähige Kultur, lernen Sie aus Fehlern und setzen Sie entschlossene Entscheidungen ein, um in Zeiten der Unsicherheit effektiv zu führen.

Nutzung der Entscheidungsfindung im gemeindebasierten Katastrophenrisikomanagement

Gemeindebasierte Entscheidungen zum Katastrophenrisikomanagement beinhalten die Befähigung der Gemeinden, sich aktiv an der Katastrophenvorsorge und -reaktion zu beteiligen. Bewerten Sie die Bedürfnisse der Gemeinschaft, bewerten Sie lokale Ressourcen und treffen Sie Entscheidungen, die dem Engagement der Gemeinschaft, dem Aufbau von Kapazitäten und nachhaltigen Maßnahmen zur Risikominderung Priorität einräumen. Arbeiten Sie mit Gemeindevorstehern zusammen, beziehen Sie lokale Organisationen ein und setzen Sie partizipative Entscheidungsfindung ein, um die Widerstandsfähigkeit der Gemeinschaft zu verbessern.

Entscheidungsfindung in persönlichen ethischen Dilemmata

Persönliche ethische Dilemma-Entscheidungen beinhalten das Navigieren in komplexen moralischen Situationen und das Treffen von Entscheidungen, die mit persönlichen Werten und Prinzipien übereinstimmen. Bewerten Sie ethische Überlegungen, bewerten Sie mögliche Konsequenzen und treffen Sie Entscheidungen, die Integrität, Empathie und moralische Argumentation in den Vordergrund stellen. Denken Sie über ethische Rahmenbedingungen nach, lassen Sie sich von vertrauenswürdigen Beratern beraten und treffen Sie gewissenhafte Entscheidungen, um persönliche ethische Dilemmata zu bewältigen.

Anwendung der Entscheidungsfindung in unternehmerischen Unternehmungen

Unternehmerische Venture-Entscheidungen treiben die Gründung und das Wachstum neuer Unternehmen voran. Bewerten Sie Marktchancen, Geschäftsmodelle und treffen Sie Entscheidungen, die Innovation, Markteignung und nachhaltiges Wachstum in den Vordergrund stellen. Engagieren Sie sich in unternehmerischen Netzwerken, suchen Sie Mentoring und setzen Sie kalkulierte Entscheidungen ein, um erfolgreiche unternehmerische Unternehmungen zu starten und zu skalieren.

Entscheidungsfindung in der nachhaltigen Abfallwirtschaft

Nachhaltige Abfallwirtschaftsentscheidungen zielen darauf ab, das Abfallaufkommen zu reduzieren, das Recycling zu fördern und die Umweltbelastung zu minimieren. Bewerten Sie Abfallmanagementpraktiken, bewerten Sie die Recyclinginfrastruktur und treffen Sie Entscheidungen, die der Abfallreduzierung, den Grundsätzen der Kreislaufwirtschaft und der verantwortungsvollen Abfallentsorgung Priorität einräumen. Tauschen Sie sich mit Abfallwirtschaftsexperten aus, beziehen Sie lokale Gemeinschaften ein und setzen Sie nachhaltige Entscheidungen ein, um die Ziele einer nachhaltigen Abfallwirtschaft zu erreichen.

Die Rolle der Entscheidungsfindung in der Konflikttransformation

Entscheidungen zur Konflikttransformation konzentrieren sich auf die Förderung positiver Veränderungen und die Förderung friedlicher Lösungen in Konfliktsituationen. Bewerten Sie die Konfliktdynamik, die Ursachen und treffen Sie Entscheidungen, die Dialog, Versöhnung und langfristige Friedenskonsolidierung in den Vordergrund stellen. Nehmen Sie an Konfliktlösungsschulungen teil, setzen Sie auf Ansätze der restaurativen Justiz und setzen Sie transformative Entscheidungsfindung ein, um die Konflikttransformation zu erleichtern.

Nutzung der Entscheidungsfindung in digitalen Marketingstrategien

Entscheidungen über digitale Marketingstrategien spielen eine entscheidende Rolle, wenn es darum geht, Zielgruppen in der digitalen Landschaft zu erreichen und zu binden. Bewerten Sie Markttrends, bewerten Sie die Präferenzen der Zielgruppe und treffen Sie Entscheidungen, die personalisiertes Messaging, datengesteuerte Erkenntnisse und Omni-Channel-Marketingansätze priorisieren. Tauschen Sie sich mit Experten für digitales Marketing aus, analysieren Sie Leistungskennzahlen und nutzen Sie strategische Entscheidungen, um erfolgreiche digitale Marketingkampagnen voranzutreiben.

Entscheidungsfindung in der nachhaltigen Waldbewirtschaftung

Entscheidungen zur nachhaltigen Waldbewirtschaftung konzentrieren sich auf die Abwägung ökonomischer, ökologischer und sozialer Aspekte der Forstwirtschaft. Bewerten Sie Waldökosysteme, bewerten Sie Abholzungspraktiken und treffen Sie Entscheidungen, die dem Schutz der Wälder, dem Schutz der biologischen Vielfalt und der nachhaltigen Holzproduktion Priorität einräumen. Arbeiten Sie mit Forstexperten zusammen, beziehen Sie lokale Gemeinschaften ein und setzen Sie eine adaptive Entscheidungsfindung ein, um die langfristige Nachhaltigkeit der Wälder zu gewährleisten.

Anwendung der Entscheidungsfindung in Gleichstellungsinitiativen

Die Beschlüsse der Gleichstellungsinitiativen zielen darauf ab, gleiche Rechte und Chancen für alle Geschlechter zu fördern. Bewerten Sie geschlechtsspezifische Ungleichheiten, bewerten Sie politische Rahmenbedingungen und treffen Sie Entscheidungen, die Gender Mainstreaming, gleichberechtigte Repräsentation und Empowerment in den Vordergrund stellen. Engagieren Sie sich mit Befürworter*innen der Gleichstellung der Geschlechter, arbeiten Sie mit Interessengruppen zusammen und setzen Sie intersektionale Entscheidungsfindung ein, um sinnvolle Fortschritte bei der Erreichung der Gleichstellung der Geschlechter zu erzielen.

Entscheidungsfindung im Bereich Sicherheit und Gesundheitsschutz am Arbeitsplatz

Entscheidungen zur Sicherheit und zum Gesundheitsschutz am Arbeitsplatz sind entscheidend für die Schaffung sicherer und gesunder Arbeitsumgebungen. Bewerten Sie Gefahren am Arbeitsplatz, bewerten Sie Sicherheitsprotokolle und treffen Sie Entscheidungen, die das Wohlbefinden der Mitarbeiter, die Unfallverhütung und die Einhaltung von Arbeitsschutzvorschriften in den Vordergrund stellen. Arbeiten Sie mit Sicherheitsexperten zusammen, führen Sie Risikobewertungen durch und treffen Sie proaktive Entscheidungen, um ein sicheres Arbeitsumfeld zu gewährleisten.

Die Rolle der Entscheidungsfindung im globalen Klimaschutz

Globale Klimaschutzbeschlüsse zielen darauf ab, den Ausstoß von Treibhausgasen zu reduzieren und den Klimawandel zu bekämpfen. Bewerten Sie den CO_2-Fußabdruck, bewerten Sie Minderungsstrategien und treffen Sie Entscheidungen, die der Einführung erneuerbarer Energien, der Energieeffizienz und dem nachhaltigen Transport Priorität einräumen. Tauschen Sie sich mit Klimawandelexperten aus, arbeiten Sie mit internationalen Organisationen zusammen und treffen Sie ehrgeizige Entscheidungen, um einen Beitrag zu den globalen Klimaschutzbemühungen zu leisten.

Nutzung der Entscheidungsfindung bei der Messung der sozialen Auswirkungen

Entscheidungen zur Messung der sozialen Auswirkungen beinhalten die Bewertung der Wirksamkeit und der Ergebnisse sozialer Initiativen und Programme. Bewerten Sie Frameworks für die Wirkungsmessung, bewerten Sie Datenerfassungsmethoden und treffen Sie Entscheidungen, die aussagekräftige Kennzahlen, das Engagement der Stakeholder und kontinuierliches Lernen priorisieren. Tauschen Sie sich mit Experten für Wirkungsmessung aus, beziehen Sie betroffene Gemeinschaften ein und setzen Sie evidenzbasierte Entscheidungsfindung ein, um die sozialen Auswirkungen zu bewerten und zu verbessern.

Entscheidungsfindung bei der persönlichen Zielsetzung und -erreichung

Persönliche Zielsetzungen und Leistungsentscheidungen sind entscheidend für persönliches Wachstum und Erfolg. Bewerten Sie die Bestrebungen, beurteilen Sie die Machbarkeit von Zielen und treffen Sie Entscheidungen, die Klarheit, Motivation und umsetzbare Schritte in den Vordergrund stellen. Entwickeln Sie Zielsetzungsstrategien, verfolgen Sie den Fortschritt und setzen Sie disziplinierte Entscheidungen ein, um persönliche Ziele und Bestrebungen effektiv zu erreichen.

Anwendung der Entscheidungsfindung in der digitalen Datenschutzerziehung

Entscheidungen zur Aufklärung über den digitalen Datenschutz konzentrieren sich auf die Förderung des Bewusstseins und des verantwortungsvollen Umgangs mit personenbezogenen Daten und der Online-Privatsphäre. Bewerten Sie Bildungsansätze, bewerten Sie die Lehrplanentwicklung und treffen Sie Entscheidungen, die digitale Kompetenz, Datenschutz und Online-Sicherheit in den Vordergrund stellen. Tauschen Sie sich mit Datenschutzbefürwortern aus, arbeiten Sie mit Pädagogen zusammen und setzen Sie eine lernerzentrierte Entscheidungsfindung ein, um Einzelpersonen mit digitalem Datenschutzwissen zu versorgen.

Entscheidungsfindung in der nachhaltigen Bewirtschaftung von Wasserressourcen

Entscheidungen zur nachhaltigen Bewirtschaftung von Wasserressourcen zielen darauf ab, einen gerechten Zugang zu sauberem Wasser zu gewährleisten und gleichzeitig Wasserökosysteme zu erhalten. Bewerten Sie die Wasserverfügbarkeit, bewerten Sie Erhaltungsstrategien und treffen Sie Entscheidungen, die der Wassereffizienz, dem Erhalt der Wasserqualität und dem Engagement der Gemeinschaft Priorität einräumen. Arbeiten Sie mit Wassermanagementexperten zusammen, beziehen Sie lokale Interessengruppen ein und setzen Sie eine integrierte Entscheidungsfindung ein, um ein nachhaltiges Wasserressourcenmanagement zu erreichen.

Die Rolle der Entscheidungsfindung in einer resilienten Stadtplanung

Resiliente Stadtplanungsentscheidungen konzentrieren sich auf die Schaffung von Städten, die Schocks und Belastungen standhalten und sich von ihnen erholen können. Bewerten Sie städtische Schwachstellen, bewerten Sie die Widerstandsfähigkeit der Infrastruktur und treffen Sie Entscheidungen, die der Katastrophenvorsorge, der Anpassung an den Klimawandel und der sozialen Inklusion Priorität einräumen. Tauschen Sie sich mit Stadtplanungsexperten aus, beziehen Sie lokale Gemeinschaften ein und setzen Sie vorausschauende Entscheidungen ein, um widerstandsfähige und nachhaltige Städte zu bauen.

Nutzung der Entscheidungsfindung im Bereich Corporate Social Responsibility

Entscheidungen zur sozialen Verantwortung von Unternehmen zielen darauf ab, soziale und ökologische Aspekte in die Geschäftspraktiken zu integrieren. Bewerten Sie die sozialen und ökologischen Auswirkungen, bewerten Sie die Erwartungen der Stakeholder und treffen Sie Entscheidungen, die eine verantwortungsvolle Beschaffung, das Wohlbefinden der Mitarbeiter und das Engagement der Gemeinschaft in den Vordergrund stellen. Tauschen Sie sich mit Nachhaltigkeitsexperten aus, arbeiten Sie mit Stakeholdern zusammen und setzen Sie ethische Entscheidungen ein, um wirkungsvolle Initiativen zur sozialen Verantwortung von Unternehmen voranzutreiben.

Entscheidungsfindung in der nachhaltigen Mode- und Bekleidungsindustrie

Nachhaltige Entscheidungen in der Mode- und Bekleidungsindustrie konzentrieren sich auf die Förderung umwelt- und sozialverträglicher Praktiken in der Modeindustrie. Bewerten Sie die Praktiken der Lieferkette, bewerten Sie die Materialbeschaffung und treffen Sie Entscheidungen, die zirkuläre Mode, faire Arbeit und Abfallreduzierung in den Vordergrund stellen. Arbeiten Sie mit Stakeholdern der Modebranche zusammen, setzen Sie auf nachhaltige Zertifizierungen und treffen Sie bewusste Entscheidungen, um eine nachhaltige Transformation in der Modebranche voranzutreiben.

Anwendung der Entscheidungsfindung in der Interessenvertretung für psychische Gesundheit

Entscheidungen zur Interessenvertretung für psychische Gesundheit zielen darauf ab, das Bewusstsein zu schärfen, Stigmatisierung zu verringern und den Zugang zu psychischer Unterstützung zu verbessern. Bewerten Sie die Bedürfnisse der psychischen Gesundheit, bewerten Sie Advocacy-Strategien und treffen Sie Entscheidungen, die Bildung, Advocacy-Kampagnen und politische Reformen priorisieren. Tauschen Sie sich mit Experten für psychische Gesundheit aus, arbeiten Sie mit Interessenvertretungen zusammen und setzen Sie mitfühlende Entscheidungen ein, um die Bemühungen um psychische Gesundheit voranzutreiben.

Entscheidungsfindung im nachhaltigen Tourismus-Destinationsmanagement

Entscheidungen über das Management nachhaltiger Tourismusdestinationen konzentrieren sich auf die Förderung verantwortungsvoller und nachhaltiger Tourismuspraktiken. Bewerten Sie die Ressourcen des Ziels, die Tragfähigkeit und treffen Sie Entscheidungen, die dem Engagement der Gemeinschaft, dem Erhalt der Kultur und dem Umweltschutz Priorität einräumen. Engagieren Sie sich mit Tourismusakteuren, beziehen Sie lokale Gemeinschaften ein und nutzen Sie eine destinationsbasierte Entscheidungsfindung, um nachhaltige und widerstandsfähige Tourismusdestinationen zu schaffen.

Die Rolle der Entscheidungsfindung in der Governance künstlicher Intelligenz

Governance-Entscheidungen im Bereich der künstlichen Intelligenz zielen darauf ab, die ethischen, sozialen und rechtlichen Auswirkungen von KI-Technologien zu berücksichtigen. Bewerten Sie KI-Anwendungen, bewerten Sie ethische Rahmenbedingungen und treffen Sie Entscheidungen, die Transparenz, Rechenschaftspflicht und Menschenrechte in den Vordergrund stellen. Tauschen Sie sich mit KI-Ethikexperten aus, arbeiten Sie mit politischen Entscheidungsträgern zusammen und setzen Sie eine integrative Entscheidungsfindung ein, um KI-Technologien verantwortungsvoll zu steuern.

Nutzung der Entscheidungsfindung bei philanthropischen Investitionen

Philanthropische Investitionsentscheidungen beinhalten die strategische Zuweisung von Ressourcen, um die soziale Wirkung zu maximieren. Bewerten Sie philanthropische Ziele, bewerten Sie Projektvorschläge und treffen Sie Entscheidungen, die messbare Ergebnisse, Nachhaltigkeit und langfristigen systemischen Wandel in den Vordergrund stellen. Arbeiten Sie mit philanthropischen Beratern zusammen, führen Sie Wirkungsevaluierungen durch und setzen Sie strategische Entscheidungen ein, um transformative philanthropische Investitionen voranzutreiben.

Entscheidungsfindung in der persönlichen Konfliktlösung

Persönliche Konfliktlösungsentscheidungen zielen darauf ab, Konflikte in persönlichen Beziehungen zu steuern und zu lösen. Bewerten Sie die Kommunikationsdynamik, bewerten Sie die zugrunde liegenden Probleme und treffen Sie Entscheidungen, die Empathie, aktives Zuhören und effektive Problemlösung in den Vordergrund stellen. Machen Sie sich Konfliktlösungstechniken zu eigen, suchen Sie bei Bedarf nach Mediation und setzen Sie einfühlsame Entscheidungsfindung ein, um Verständnis und Lösung zu fördern.

Anwendung der Entscheidungsfindung in der Planung der Energiewende

Planungsentscheidungen für die Energiewende konzentrieren sich auf die Umstellung auf erneuerbare und nachhaltige Energiequellen. Bewerten Sie Energiesysteme, bewerten Sie technologische Fortschritte und treffen Sie Entscheidungen, die der Einführung erneuerbarer Energien, der Energieeffizienz und der Netzintegration Priorität einräumen. Tauschen Sie sich mit Energieexperten aus, arbeiten Sie mit Stakeholdern zusammen und nutzen Sie datengesteuerte Entscheidungsfindung, um eine erfolgreiche Planung der Energiewende voranzutreiben.

Entscheidungsfindung in Corporate Governance und Ethik

Corporate Governance und ethische Entscheidungen prägen ethisches Verhalten und Rechenschaftspflicht innerhalb von Organisationen. Bewerten Sie Governance-Strukturen, bewerten Sie ethische Richtlinien und treffen Sie Entscheidungen, die Transparenz, Integrität und verantwortungsvolle Entscheidungsfindung in den Vordergrund stellen. Fördern Sie eine ethische Kultur, schaffen Sie ethische Rahmenbedingungen und wenden Sie ethische Entscheidungspraktiken an, um eine solide Unternehmensführung zu gewährleisten.

Die Rolle der Entscheidungsfindung in der Interessenvertretung für soziale Gerechtigkeit

Entscheidungen zur Förderung sozialer Gerechtigkeit zielen darauf ab, systemische Ungleichheiten zu beseitigen und Chancengleichheit für marginalisierte Gemeinschaften zu fördern. Bewerten Sie Fragen der sozialen Gerechtigkeit, bewerten Sie Advocacy-Strategien und treffen Sie Entscheidungen, die Inklusivität, Gleichberechtigung und Empowerment in den Vordergrund stellen. Engagieren Sie sich mit Aktivist*innen für soziale Gerechtigkeit, arbeiten Sie mit Gemeindeorganisationen zusammen und setzen Sie intersektionale Entscheidungsfindung ein, um wirkungsvolle Interessenvertretung für soziale Gerechtigkeit voranzutreiben.

Entscheidungsfindung in der nachhaltigen Landwirtschaft

Entscheidungen zur nachhaltigen Landwirtschaft konzentrieren sich auf die Förderung umweltfreundlicher und sozial verantwortlicher Praktiken im Agrarsektor. Bewerten Sie landwirtschaftliche Methoden, bewerten Sie die Bodengesundheit und treffen Sie Entscheidungen, die dem ökologischen Landbau, dem Erhalt der biologischen Vielfalt und einem verantwortungsvollen Wassermanagement Vorrang einräumen. Arbeiten Sie mit Landwirtschaftsexperten zusammmen, nutzen Sie nachhaltige Zertifizierungen und setzen Sie regenerative Entscheidungen ein, um nachhaltige landwirtschaftliche Praktiken voranzutreiben.

Entscheidungsfindung in ethischer Führung

Ethische Führungsentscheidungen beinhalten Entscheidungen, die Integrität, Fairness und ethisches Verhalten in Führungsrollen in den Vordergrund stellen. Bewerten Sie ethische Dilemmata, bewerten Sie ethische Rahmenbedingungen und treffen Sie Entscheidungen, die ethische Entscheidungsfindung, Transparenz und Rechenschaftspflicht in den Vordergrund stellen. Nehmen Sie an ethischen Führungstrainings teil, lassen Sie sich von ethischen Mentoren beraten und setzen Sie prinzipientreue Entscheidungen ein, um mit Integrität zu führen.

Anwendung der Entscheidungsfindung in der Katastrophenvorsorge

Entscheidungen zur Katastrophenvorsorge zielen darauf ab, die Auswirkungen von Katastrophen auf Gemeinschaften zu minimieren und die Widerstandsfähigkeit zu fördern. Bewerten Sie Katastrophenrisiken, bewerten Sie Strategien zur Risikominderung und treffen Sie Entscheidungen, die Frühwarnsystemen, der Bereitschaft der Gemeinschaft und der Widerstandsfähigkeit der Infrastruktur Priorität einräumen. Arbeiten Sie mit Katastrophenschutzbehörden zusammen, beziehen Sie lokale Gemeinschaften ein und setzen Sie proaktive Entscheidungen ein, um die Bemühungen zur Katastrophenvorsorge zu verbessern.

Entscheidungsfindung bei der Gestaltung barrierefreier Technologien

Designentscheidungen für barrierefreie Technologien konzentrieren sich auf die Schaffung inklusiver und benutzerfreundlicher Produkte und Dienstleistungen. Bewerten Sie die Anforderungen an die Barrierefreiheit, bewerten Sie die Designrichtlinien und treffen Sie Entscheidungen, die universelle Design-, Benutzerfreundlichkeits- und Barrierefreiheitsstandards priorisieren. Tauschen Sie sich mit Experten für Barrierefreiheit aus, beziehen Sie Benutzer mit unterschiedlichen Fähigkeiten ein und setzen Sie eine nutzerzentrierte Entscheidungsfindung ein, um Technologien zu entwickeln, die für alle zugänglich sind.

Die Rolle der Entscheidungsfindung bei der Stärkung der Gemeinschaft

Entscheidungen zur Stärkung der Gemeinschaft zielen darauf ab, die Selbstversorgung, die aktive Beteiligung und die kollektive Entscheidungsfindung innerhalb der Gemeinschaften zu fördern. Bewerten Sie die Bedürfnisse der Gemeinschaft, bewerten Sie Strategien zum Aufbau von Kapazitäten und treffen Sie Entscheidungen, die Empowerment, Inklusivität und nachhaltige Entwicklung in den Vordergrund stellen. Arbeiten Sie mit Community-Organisatoren zusammen, arbeiten Sie mit lokalen Führungskräften zusammen und nutzen Sie partizipative Entscheidungsfindung, um Initiativen zur Stärkung der Community voranzutreiben.

Nutzung der Entscheidungsfindung im ethischen Supply Chain Management

Ethische Entscheidungen im Lieferkettenmanagement zielen darauf ab, eine verantwortungsvolle Beschaffung, faire Arbeitspraktiken und ökologische Nachhaltigkeit in der gesamten Lieferkette zu gewährleisten. Bewerten Sie Lieferantenpraktiken, bewerten Sie Nachhaltigkeitszertifizierungen und treffen Sie Entscheidungen, die Transparenz, Menschenrechte und soziale Verantwortung in den Vordergrund stellen. Arbeiten Sie mit Lieferanten zusammen, führen Sie regelmäßige Audits durch und setzen Sie ethische Entscheidungen ein, um ethische und nachhaltige Lieferketten aufzubauen.

Entscheidungsfindung in der persönlichen Finanzplanung

Persönliche Finanzplanungsentscheidungen sind entscheidend für das Erreichen finanzieller Ziele und die langfristige finanzielle Sicherheit. Bewerten Sie Einnahmen, Ausgaben und finanzielle Ziele und treffen Sie Entscheidungen, die Budgetierung, Einsparungen und Anlagestrategien priorisieren. Lassen Sie sich finanziell beraten, führen Sie regelmäßige Finanzbewertungen durch und treffen Sie umsichtige Entscheidungen, um einen soliden persönlichen Finanzplan zu erstellen.

Anwendung der Entscheidungsfindung in öffentlichen Kunst- und Kulturinitiativen

Entscheidungen über öffentliche Kunst- und Kulturinitiativen zielen darauf ab, die Identität der Gemeinschaft, den kulturellen Ausdruck und den öffentlichen Raum zu verbessern. Bewerten Sie die Interessen der Gemeinschaft, bewerten Sie künstlerische Vorschläge und treffen Sie Entscheidungen, die der kulturellen Vielfalt, der künstlerischen Exzellenz und dem Engagement der Gemeinschaft Priorität einräumen. Arbeiten Sie mit Künstlern zusammen, beziehen Sie Gemeindemitglieder ein und setzen Sie eine integrative Entscheidungsfindung ein, um wirkungsvolle öffentliche Kunst- und Kulturinitiativen voranzutreiben.

Entscheidungsfindung in der nachhaltigen Verkehrsplanung

Nachhaltige Verkehrsplanungsentscheidungen konzentrieren sich auf die Schaffung effizienter, zugänglicher und umweltfreundlicher Verkehrssysteme. Bewerten Sie die Verkehrsinfrastruktur, bewerten Sie Mobilitätsmuster und treffen Sie Entscheidungen, die dem öffentlichen Nahverkehr, dem aktiven Verkehr und reduzierten Emissionen Priorität einräumen. Arbeiten Sie mit Stadtplanern und Verkehrsexperten zusammen und nutzen Sie datengestützte Entscheidungsfindung, um nachhaltige Verkehrspläne zu entwickeln.

Die Rolle der Entscheidungsfindung für persönliches Wachstum und Entwicklung

Persönliches Wachstum und Entwicklungsentscheidungen sind entscheidend für kontinuierliches Lernen, Selbstverbesserung und persönliche Erfüllung. Bewerten Sie persönliche Bestrebungen, bewerten Sie Entwicklungsmöglichkeiten und treffen Sie Entscheidungen, die Selbstreflexion, Zielsetzung und Kompetenzaufbau in den Vordergrund stellen. Setzen Sie auf lebenslanges Lernen, suchen Sie nach Ressourcen für persönliches Wachstum und setzen Sie bewusste Entscheidungen ein, um persönliches Wachstum und Entwicklung zu fördern.

Nutzung der Entscheidungsfindung in der digitalen Bürgerschaft

Digitale Bürgerentscheidungen beinhalten verantwortungsvolles und ethisches Verhalten in der Online-Welt. Bewerten Sie digitale Plattformen, bewerten Sie Online-Interaktionen und treffen Sie Entscheidungen, die digitale Kompetenz, Online-Sicherheit und respektvolle Kommunikation in den Vordergrund stellen. Engagieren Sie sich in der digitalen politischen Bildung, fördern Sie positives Online-Engagement und setzen Sie kritische Entscheidungen ein, um eine gesunde und integrative digitale Gemeinschaft zu fördern.

Entscheidungsfindung bei nachhaltigen Verpackungslösungen

Nachhaltige Verpackungsentscheidungen zielen darauf ab, die Umweltauswirkungen von Verpackungsmaterialien und -abfällen zu reduzieren. Bewerten Sie Verpackungsmaterialien, bewerten Sie Lebenszyklusbewertungen und treffen Sie Entscheidungen, die Recyclingfähigkeit, erneuerbare Ressourcen und minimalen Verpackungsabfall priorisieren. Arbeiten Sie mit Verpackungsexperten zusammen, nutzen Sie Zertifizierungen für nachhaltige Verpackungen und setzen Sie innovative Entscheidungen ein, um nachhaltige Verpackungslösungen zu entwickeln, die Umweltschäden minimieren.

Schlussfolgerung

In diesem Text ergreift ein Mann drastische Maßnahmen, um sein Auto zu zerstören, rettet es dann aber später, um seinen Erfolg zu demonstrieren. Er betont, wie wichtig es ist, Entscheidungen zu treffen, und erklärt, dass das Bereinigen einer Liste von Entscheidungen Inspiration für die kommenden Jahre sein kann. Der Mann hebt auch die Macht des Begehrens hervor und erwähnt, dass es oft auf einen Auslöser wartet, um es zu entzünden. Er rät, alle Erfahrungen willkommen zu heißen und keine Mauern zu errichten, die das Glück behindern können. Schließlich spricht er über die Bedeutung von Entschlossenheit und definiert sie als das Versprechen, niemals aufzugeben.

Der Text ermutigt zu Beharrlichkeit und Entschlossenheit und verwendet die Analogie eines Babys, das laufen lernt. Es legt nahe, dass wir unsere Ziele so lange verfolgen sollten, bis wir sie erreicht haben, egal wie lange es dauert. Der Autor glaubt, dass wir, wenn wir den Preis der Beharrlichkeit zahlen, die größten Schätze des Lebens entdecken können. Insgesamt betont der Text, wie wichtig es ist, Entscheidungen zu treffen, starke Wünsche zu haben, Erfahrungen anzunehmen und angesichts von Herausforderungen entschlossen zu bleiben. Es ermutigt die Leser, niemals aufzugeben und weiterzumachen, bis sie die gewünschten Ergebnisse erreicht haben.

Die Macht der Entscheidungen ist unbestreitbar. Jede Entscheidung, die wir treffen, prägt unseren Weg und bestimmt die Qualität unseres Lebens. Indem wir uns auf den Prozess der Entscheidungsfindung einlassen, unseren Werten treu bleiben und Herausforderungen meistern, entfalten wir unser wahres Potenzial und schaffen ein Leben voller Sinn, Wachstum und Erfüllung.